Dr. Ralf Klinger

Regenwürmer – Helfer im Garten

Dr. Ralf Klinger

Regenwürmer – Helfer im Garten

Lebendiger Boden • Gesunde Pflanzen • Reiche Ernte

illustriert von Kirsten Maria Peter

pala verlag

Inhalt

Was ist so spannend am Regenwurm?

Ganz von selbst grünt und blüht es in der freien Natur. Keine Gärtnerhand muss sich rühren, damit sich die Blütenpracht jedes Jahr aufs Neue entfaltet. Der Boden ist wunderbar locker und ausreichend mit allen Nährstoffen versorgt. Was wie Zauberei anmutet, entpuppt sich bei näherem Hinsehen als das Werk von Millionen kleiner und kleinster Organismen. Sie sind die heimlichen Gärtner, die den Boden lockern, umgraben und mit Nährstoffen versorgen und damit das Wachstum der Pflanzen ermöglichen. Sie bilden eine Lebensgemeinschaft, in der jedem Lebewesen, sei es ein Bakterium, eine Milbe, ein Regenwurm oder ein Insekt, eine ganz spezielle Funktion zukommt. Nur wenn alle Funktionen in dieser Gemeinschaft ausreichend erfüllt werden, kann das Ganze gelingen.

Wie der Boden in der freien Natur ist auch der Gartenboden ein lebendiger Organismus. Es wimmelt darin nur so von Leben. Doch nur den geringsten Teil dieser Vielfalt wird man bei der Gartenarbeit mit bloßem Auge wahrnehmen können. Vielleicht taucht beim Herausziehen von Unkraut ein verschreckter Käfer auf, der mit flinken Schritten davoneilt und im nächsten Moment wieder in einer Spalte im Boden verschwunden ist. Auch seltsame Gestalten kommen zum Vorschein: hellbraune, vielbeinige Erdläufer zum Beispiel, düster gemusterte Raupen oder unterschiedlich große Regenwürmer.

Diese mit bloßem Auge sichtbaren Tiere sind mindestens mehrere Millimeter, manche sogar mehrere Zentimeter lang. Trotz ihrer Größe machen sie weniger als die Hälfte des Bodenlebens aus. Um auch die Masse der kleinen und kleinsten Bodenlebewesen entdecken und beobachten zu können, ist eine Lupe oder besser ein Mikroskop erforderlich. Dann offenbart sich dem staunenden Auge ein Mikrokosmos von ungeahnter Vielfalt: auf acht Beinen über den Boden gleitende Milben, stäbchenförmige Bakterien, fädige Pilze und rotierende Einzeller.

Gleich mehrere wissenschaftliche Disziplinen wie Bodenkunde, Mineralogie, Ökologie, Zoologie und Mikrobiologie, um nur einige zu nennen, beschäftigen sich mit der Bildung und Entwicklung des Bodens, untersuchen die Biologie der Organismen darin, ergründen die Bedeutung der Organismen, verfolgen die Wege einzelner Nährstoffe, beschreiben ganze Stoffkreisläufe, studieren das Ineinandergreifen einzelner

Prozesse und beobachten, wie die zahlreichen Mitglieder der Gemeinschaft zusammenwirken.

Überall dort, wo Felsen und Gesteine zu fruchtbarem Boden verwittern, überall dort, wo Pflanzen ihre Blätter ausbreiten, steckt der Boden voller Leben. Und immer wieder entpuppen sich ähnliche Organismen als dessen Hauptdarsteller. Gemessen an ihrer Biomasse sind es hierzulande einerseits die Bakterien und Bodenpilze und andererseits die Regenwürmer. Letztere leisten nicht nur die mechanischen Vorarbeiten für alle anderen Bodenorganismen, indem sie zum Beispiel die großen Brocken organischen Materials zerkleinern, sondern haben selbst einen sehr großen Anteil an der Bildung von Humus und damit am nachhaltigen Erhalt der Bodenfruchtbarkeit.

Wo sich Regenwürmer wohlfühlen und in großer Zahl vertreten sind, kann der Boden hohe Erträge liefern. Regenwürmer bilden das mit bloßem Auge sichtbare Lebenszeichen eines reichen, gesunden Bodens. So ist es das Ziel dieses Buches, diese wichtigen Helfer im Garten stellvertretend für die Lebensgemeinschaft des Bodens vorzustellen. Wie sieht der Regenwurm aus, wie lebt er und was macht er? Und vor allem natürlich, wie wird der Regenwurm zum Verbündeten des Gärtners?

Warum sind Regenwürmer nützlich?

Die Begegnung mit einem Regenwurm gehört für viele Kinder zu den ersten im positiven Sinne merkwürdigen Naturerlebnissen. Anders als der Gesang der Vögel oder die Blumenpracht einer kräuterreichen Wiese mit ihren bunten Schmetterlingen und summenden Bienen, kommt der Regenwurm aus einer geheimnisvollen und fremdartigen Welt unter unseren Füßen. Dort, wohin die Pflanzenwurzeln streben, dort im dunklen, stets feuchten Erdreich wohnt der Regenwurm. Er vermittelt nicht nur zwischen den Welten über und unter der Erdoberfläche, sondern ist maßgeblich daran beteiligt, dass der Boden die Pflanzen ausreichend mit Nahrung versorgen kann.

Der Regenwurm hat allergrößte Bedeutung für das Leben auf der Erde. Der Naturforscher Charles Darwin (1809 – 1882) bezeichnete ihn sogar als das wichtigste Tier der Erde. Mit seiner unterirdischen Lebensweise lockert der Wurm den Boden, schafft Eintrittspforten für Wasser und Luft, regt das Bodenleben an, erschließt den Nährstoffvorrat im Boden für die Pflanzen und gibt dem Boden eine besondere, sehr stabile Feinstruktur, die Wasser und Nährstoffe binden, speichern und an die Pflanzenwurzeln abgeben kann.

Im Mittelalter sprach man vom »fleißigen Wurm«. Daraus wurde im Verlauf von Jahrhunderten der heutige Regenwurm. Dass er ein fleißiger oder reger Wurm ist und ein besonders wichtiger dazu, steht seit Menschengedenken außer Zweifel.

Bei den alten Ägyptern stand er so hoch im Kurs, dass er bei Strafe nicht außer Landes gebracht werden durfte.

Andere Auffassungen, wie die von Johann Wilhelm Hönert (1723 – 1790) in seinem Gartenratgeber »Kurzgefaßte, doch gründliche Anweisung zu vorteilhafter Anlegung und Unter-

Systematik der Regenwürmer

Regenwürmer (Lumbricidae) bilden ebenso wie die ihnen verwandte Gruppe der Megascolecidae eine eigene Familie innerhalb der Ordnung der Wenigborster (Oligochaeta), die ihrerseits zum Stamm der Ringelwürmer (Annelida) gezählt wird.

Weltweit sind bisher etwa 320 Regenwurmarten bekannt – Regenwürmer und Vertreter der Megascolecidae leben in Europa, Nordamerika, Australien und Asien –, hierzulande kennt man 39 Arten.

Die Gestalt des Regenwurms ist so markant und in unserer Vorstellung präsent, dass »wurmförmig« als beschreibendes Adjektiv allgemein verstanden und benutzt wird. Als wurmförmig gelten alle langen, beinlosen Tiere. Die äußerlich erkennbare Ringelung des Regenwurms, ein allgemeines Merkmal der Ringelwürmer, entsteht durch die Gliederung des Körpers in kleine Abschnitte, die als Segmente bezeichnet werden. Bei den Ringelwürmern sind diese einzelnen Segmente von außen betrachtet weitgehend gleich aufgebaut und besitzen darüber hinaus eine weitgehende Eigenständigkeit.

haltung eines wohlbestellten Blumen=Gartens nebst genauer Beschreibung der Art, Gestalt, Pflege, und Vermehrung diensamer Blumen=Gewächse« aus dem Jahr 1765 geäußerte Empfehlung »Regenwürmer sind zu tödten, wo man sie findet. In den frühen Morgenstunden findet man sie in der Begattung frey auf dem Lande liegen«, geben nicht den damaligen Zeitgeist wieder. Dem Theologen Hönert fehlte sicher der Einblick in größere ökologische Zusammenhänge, denn seine Ansicht fokussiert auf die Gegebenheiten und alleinigen Beobachtungen in seinem Blumengärtchen.

Im Jahre 1770 schreibt der in Hampshire geborene Naturforscher Gilbert White (1720 – 1793) die bemerkenswert weitsichtigen Zeilen: »Earthworms, though in appearance a small and desipicable link in the chain of nature, yet, if lost, would make a lamentable chasm. … Worms seem to be the great promoters of vegetation, which would proceed but lamely without them …« (Obwohl Regenwürmer ein kleiner, verachtenswerter Teil der Natur zu sein scheinen, würden sie eine beklagenswerte Kluft hinterlassen, wenn sie verschwänden ... Regenwürmer sind offensichtlich die größten Förderer der Vegetation, die ohne sie kaum Fortschritte machen würde.)

Keinem geringeren als dem berühmten Naturforscher Charles Darwin ist es dann vorbehalten, mit seinem nach langen Studien im Jahr 1881 erschienenen Spätwerk »The Formation of Vegetable Mould through the Action of Worms with Observations on their Habits« (deutsche Ausgabe, 1899: »Die Bildung der Ackererde durch die Tätigkeit der Würmer«) die überragende Bedeutung der Regenwürmer in konkrete, anschauliche Zahlen zu fassen und ausführlich zu begründen: »Der Pflug ist eine der allerältesten und wertvollsten Erfindungen des Menschen, aber schon lange, ehe er existierte, wurde das Land durch Regenwürmer regelmäßig gepflügt und wird fortdauernd noch immer von ihnen bearbeitet.«

Bei ihrer Tätigkeit bringen die Tiere Nährstoffe in den Boden und sorgen für dessen lockere Struktur. Darwins erkennbare Begeisterung für Regenwürmer gipfelt in der Aussage, dass es eine wunderbare Vorstellung sei, dass der gesamte Humus in den oberen Bodenschichten schon einmal das Verdauungssystem eines Regenwurms passiert hat und innerhalb weniger Jahre noch einmal passieren wird. Was dabei entsteht, ist mehr als nur lockerer, fruchtbarer Boden, denn die Bedeutung der Regenwürmer im Haushalt der Natur ist weitaus umfassender.

Worin besteht er nun, der konkrete Nutzen der Regenwürmer?

Die wesentliche Lebenstätigkeit von Regenwürmern besteht darin, ungeheure Mengen von organischen Resten pflanzlicher und tierischer Art zusammen mit Erde in sich hineinzustopfen, das organische Material teilweise zu verdauen und mit dem zugleich aufgenommenen Sand und Ton zu **Wurmhumus** aufzuarbeiten.

Dazu legen die Tiere tagein, tagaus Röhren im Boden an. Tief grabende Regenwürmer wie der Gewöhnliche Regenwurm werden mitunter als Bergmänner des Ackers bezeichnet. Dieses Bild ist nur teilweise zutreffend, da die von Bergleuten angelegten Stollen der Entnahme von Kohle oder Erzen dienen, während Regenwürmer mit ihrer grabenden Tätigkeit genau dies nicht tun. Regenwürmer entnehmen nichts, sondern bringen große Mengen an verrottenden Pflanzen in den Boden, durchmischen die Erdschichten und werten den Boden durch Abgabe von nährstoffreichem Wurmhumus auf. Dieser enthält durchschnittlich fünfmal mehr Stickstoff, siebenmal mehr Phosphor, elfmal mehr Kalium und doppelt so viel Magnesium wie der umgebende Boden.

Wurmhumus, hier in Form eines Kothäufchens, ist äußerst nährstoffreich.

Die produzierten Mengen an Wurmhumus sind erstaunlich groß und fallen je nach Nährstoffreichtum, Bodentyp und Artenspektrum der Regenwürmer unterschiedlich aus: bis 91 Tonnen pro Hektar Acker, bis 81 Tonnen pro Hektar Gartenerde und Wiese, bis 40 Tonnen pro Hektar lang genutztes Grünland, bis 7 Tonnen pro Hektar Buchenwald, bis 6 Tonnen pro Hektar Eichenwald auf leichtem Boden, bis 5 Tonnen pro Hektar sandiger Acker. Diese Zahlen beziffern nur den ausgeschiedenen Wurmhumus, die von den Würmern bewegte und durchpflügte Bodenmenge ist mit bis zu 268 Tonnen pro Hektar um ein Vielfaches größer.

Wurmhumus wirkt sich in vielerlei Hinsicht positiv auf den Boden aus. Er stabilisiert die Bodenstruktur durch seine Einbindung in sogenannte Ton-Humus-Komplexe, die eine hohe Aufnahmefähigkeit für Nährstoffe und Wasser haben (siehe auch Seite 101).

Außerdem bindet Wurmhumus bis zu 90 Prozent der Schwermetalle (Blei, Cadmium, Zink, Kupfer, Chrom, Nickel und Quecksilber), die über Klärschlämme, Straßenverkehr, Haus- und Industrieabgase entweder direkt durch Aufbringen belasteter Böden und Komposterde oder indirekt über Stäube und mit dem Regen in den Boden gelangen, in einer Form, die eine Aufnahme durch Kulturpflanzen verhindert. Das bedeutet letztendlich Genuss ohne Reue, auch bei Wurzelgemüse, das Schwermetalle in größerer Menge speichern kann als beispielsweise Blattgemüse.

Wurmhumus stabilisiert zudem den Säure-Basen-Wert, den pH-Wert, des Bodens im neutralen Bereich. Da Wurmhumus mehr Nährstoffe und Mineralien enthält als die umgebende Erde, entwickeln sich kräftige und widerstandsfähige Pflanzen.

Regenwürmer regen das Wachstum von anderen Bodenorganismen an, indem sie ihre Wohnröhren mit einem für diese Organismen nahrhaften Brei aus Kot und Schleim auskleiden. Darauf siedeln sich zahllose Bakterien und Pilze an, die wiederum organische Verbindungen wie Stärke, Pektin, Chitin und Zellulose weiter zersetzen und für Pflanzen verfügbar machen.

Die Gesamtheit der **Regenwurmröhren** in einem Erdblock mit Abmessungen von 1 × 1 × 2,5 Meter kann eine Innenoberfläche von etwa 5 Quadratmetern haben. Dabei können die Gänge in diesem Erdblock im August, wenn die Regenwürmer weniger aktiv sind, eine Gesamtlänge von 150 Metern und im Frühjahr, wenn die Tiere besonders rege sind, eine Gesamtlänge von erstaunlichen 900 Metern haben.

Besonders unser Gewöhnlicher Regenwurm, der in beinahe jedem Garten lebt, ist ein eifriger Gräber. Ihm ist es auch zu verdanken, dass die auf diesen 5 Quadratmetern angesiedelten Bodenorganismen ständig mit neuer Nahrung von der Bodenoberfläche versorgt werden. Andere Regenwurmarten machen sich dadurch nützlich, dass sie den Boden durchmischen und dadurch günstige Voraussetzungen für ein reiches Bodenleben schaffen.

Die Arbeit der Regenwürmer hat darüber hinaus maßgeblich Anteil an der Größe des **Luftporenraums** des Bodens.

So stellte man in einem Gartenboden, in dem 2,4 Millionen Regenwürmer pro Hektar gezählt wurden, fest, dass deren Gänge 67 Prozent des gesamten Luftvolumens dieses Erdblocks ausmachten. Der in der Luft enthaltene Sauerstoff ermöglicht es Pflanzenwurzeln und im Boden lebenden Mikroorganismen zu atmen. Eine gute Sauerstoffversorgung sorgt für besseres Pflanzenwachstum und eine gute Entwicklung des Bodens und verhindert, dass Faulgase entstehen. In Sandböden sind etwa 40 Prozent der Poren, in Lehmböden etwa 20 Prozent der Poren und in Tonböden etwa 10 Prozent des Porenvolumens mit Luft gefüllt. Das restliche Porenvolumen enthält Wasser.

Die in die Tiefe führenden Wohnröhren des Regenwurms wirken zudem wie **Schnellstraßen für Regenwasser** und Mineralien, die mit diesem transportiert werden. Durch ihre besondere Tunnelbautechnik können Regenwürmer auch verdichteten Boden durchdringen und so Staunässe entgegenwirken (siehe auch ab Seite 48). Vier- bis zehnmal schneller als ohne Röhren kann das Wasser auf diese Weise in den Boden eindringen. Die Röhren werden dabei nicht verschlämmt, da die Wände verdichtet und zusätzlich mit Kot und Schleim stabilisiert werden.

Durch das tief reichende Gangsystem der Würmer gelangt mit dem Regenwasser zusätzlich löslicher Stickstoff aus der Atmosphäre in tiefere Bodenschichten, wo dieser Nährstoff von Pilzen, Bakterien und Einzellern festgehalten und pflanzenverfügbar gemacht wird. Da die Zahl der Mikroorganismen im Bereich der Regenwurmröhren besonders groß ist, geht der Abbau der organischen Reste zu mineralischen Nährstoffen dort besonders rasch. Diese Nährstoffe stehen dann für das Wachstum gesunder und kräftiger Pflanzen zur Verfügung.

Bei der grabenden Tätigkeit der Würmer werden die feinen Wurzeln der Pflanzen nicht beschädigt, sondern nur zur Seite gedrückt. Darüber hinaus ist nahezu jede Regenwurmröhre (bis zu 92 Prozent) ein willkommener **Wachstumskanal für Pflanzenwurzeln.** Es entbrennt regelrecht ein Wettrennen um die Nährstoffe, die sich an den Wänden der Regenwurmgänge anreichern. Die weiter in die Tiefe ziehenden Wurzeln werden gleichmäßiger mit Wasser versorgt und leiden in trockenen Zeiten weniger unter Wassermangel. Wachsen die Wurzeln in einen noch bewohnten Gang, presst sie der Bewohner bei seiner Tätigkeit in die Röhrenwand und verkleidet sie zusätzlich mit nähstoffreichem Kot und Schleim, um die Röhre für sich selbst gangbar zu halten.

Dank vermehrter Regenwurmaktivität kann sich die Zahl der gröberen Wurzeln in einem bislang regenwurmarmen Boden mehr als verdoppeln. Auch die Zahl der Feinwurzeln kann um etwa die Hälfte zunehmen. Ein umfangreiches Wurzelsystem verbessert die Versorgung der Pflanzen entscheidend, sodass sich gesunde Pflanzen entwickeln. Die Regenwurmaktivität

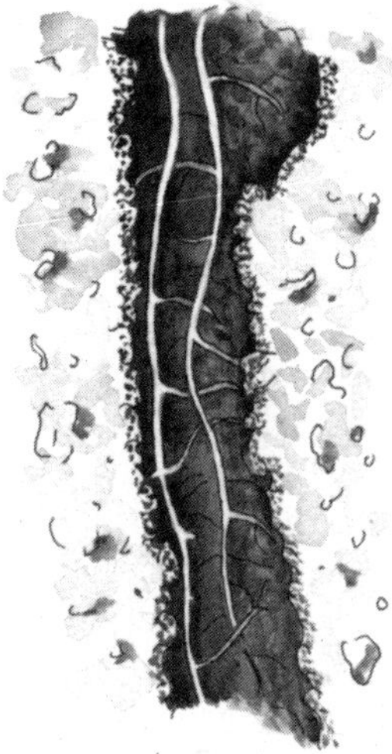

Regenwurmröhren werden von Pflanzenwurzeln gerne als Wachstumskanäle genutzt.

und der positive Einfluss der Würmer auf das Wurzelwachstum von Pflanzen haben maßgeblich Anteil am **Ernteertrag.** Das wurde in verschiedenen Versuchen immer wieder bestätigt.

So kann im Garten die Ernte von Erbsen um 70 Prozent höher ausfallen, wenn der Boden so gepflegt wird, dass sich Regenwürmer wohlfühlen und sich reichlich vermehren. Je mehr Würmer im Boden leben, desto höher fällt die Ertragssteigerung aus. Beim Anbau von Gerste ließ sich der Ertrag durch Ausbringen von Regenwürmern um 78 bis 96 Prozent steigern und damit nahezu verdoppeln. Durch zusätzliches Ausbringen einer Mulchschicht verbessert sich das Nahrungsangebot für die Würmer, wodurch der Ertrag nochmals steigt. Je ärmer der Boden an Nährstoffen ist, desto deutlicher fällt die Ertragsverbesserung durch die Tätigkeit der Würmer aus.

Ein zusätzlicher Nutzen durch das Ausbringen von Regenwürmern zeigte sich auch im Zuckerrübenanbau. Je größer die Zahl der Regenwürmer, desto geringer die Zahl der Rübenkopfälchen, weil Regenwürmer die durch diese Tiere verursachten Faulstellen an den Rüben ausputzen und dabei die nur 1,2 Millimeter großen Älchen mit vertilgen.

Auch Bäume profitieren erheblich von der Tätigkeit der Regenwürmer im Boden. Sie entwickeln deutlich mehr Wurzeln und durchwurzeln den Boden wesentlich dichter. Dies wirkt sich auf den Ertrag der Bäume aus. In den Niederlanden konnte der Obstertrag allein durch Aussetzen von Regenwürmern nach dem dritten Jahr um 5,6 bis 14,2 Prozent gesteigert werden. Gleichzeitig verringerte sich die Zahl der sogenannten Schädlinge. Der Apfelblattminierer, ein Kleinschmetterling, der Obstbäume schädigen kann, verpuppt sich im Herbst und überdauert den Winter in den herabgefallenen, eingerollten Blättern seines Wirtsbaumes. Durch Einziehen der Blätter in den Boden durch den Gewöhnlichen Regenwurm gehen 95 Prozent der Puppen dieses Schmetterlings zugrunde. Auch Sporen pflanzenschädigender Pilze können auf diese Weise an ihrer Verbreitung durch den Wind gehindert werden – auch, indem die Würmer Sporenlager der Pilze auf Falllaub abweiden. Weil die Pilzsporen dann nicht mehr oberflächlich auf der Erde liegen, sondern in den Wandverkleidungen der Regenwurmröhren festgeklebt sind, können sie nicht mehr durch den Wind verbreitet werden.

Schäden durch Regenwürmer?

Können Regenwürmer auch schädlich sein? Eine dumme Frage, möchte man meinen, doch so abwegig ist sie nicht.

Den Grund für solch eine Frage wird jeder erkennen, der seine frisch gesetzten Salatpflänzchen eins nach dem anderen im Boden verschwinden sieht. Der Regenwurm tut zwar auch in diesem Fall nur, was er überall tut, nämlich durch seine Fraßtätigkeit den Boden mit Nährstoffen anreichern, doch ausgerechnet an den Nutzpflanzen sollte er sich dabei nicht vergreifen. Junge Salatpflanzen sind für ihn allerdings auch gar zu verlockende Leckerbissen.

»Schädlich« oder »nützlich« ist im Fall der Regenwürmer wie so oft eine Frage des Standpunktes und zeigt einmal mehr die Problematik dieses Begriffspaares auf. In der Natur gibt es diese Wertigkeit nicht. Erst wenn der Mensch ins Spiel kommt und seinen Interessen entsprochen oder zuwidergehandelt wird, entsteht Schaden oder Nutzen. Oft besteht der Nutzen sogar darin, Schaden zu vermindern oder abzuwenden. Das gilt zum Beispiel dann, wenn »Schädlingen« Einhalt geboten wird. Insektenvertilgende Vögel, räuberische Insekten und Spinnen werden dann zu »Nützlingen« – und mutieren kurze Zeit später zu »Schädlingen«, wenn sie zum Beispiel »nützliche« Regenwürmer fressen. Gleiches gilt für den Maulwurf, der als »nützlich« eingestuft wird, wenn er mit lästigem »Ungeziefer« aufräumt, aber zum »Schädling« wird, wenn er auf dem gepflegten Zierrasen seine Erdhaufen aufwirft.

Immer dann, wenn die Interessen und Ziele von Natur und Mensch nicht übereinstimmen, kann es zu Konflikten kommen. Die Natur setzt auf größtmögliche Vielfalt, um ein stabiles Gleichgewicht zu erreichen und ein Überhandnehmen einzelner Arten zu verhindern. Wir Menschen dagegen möchten in unseren Gärten bestimmte Wirkungen erzielen, auf unseren Beeten eine möglichst reiche Ernte oder eine besonders blütenreiche Rabatte, und sind daher bestrebt, eine einzige oder einige wenige Pflanzenarten gezielt zu fördern.

Dabei kommt uns manchmal auch der sonst so »nützliche« Regenwurm ins Gehege. In welchen Fällen kann er nach menschlichen Kriterien also zum »Schädling« werden?

Die Nahrung der meisten Regenwürmer besteht aus mehr oder weniger zersetztem Laub. Am Geschmack erkennen sie, welche Nahrung am besten für sie ist. Eine wohlschmeckende, leicht verdauliche Kost scheinen die Sämlinge bestimmter Kulturpflanzen zu sein. Sie werden gepackt, von den Würmern in ihre Röhren gezogen und dort genüsslich verzehrt. Auf diese Weise können in Anzuchtbeeten erhebliche Schäden entstehen. »Schädlich« werden Regenwürmer auch, wenn sie mit ihrer wühlenden und grabenden Arbeit junge Pflänzchen ausgraben oder verschütten. Auch in Blumentöpfe eingewanderte Regenwürmer können dort durch ihre Aktivität schädigend wirken.

Mitunter unangenehm können bestimmte Regenwurmarten durch das Verbreiten von Krankheitskeimen und anderen »Schädlingen« werden. So sind im Darm von Regenwürmern Sporen mehrerer in der Landwirtschaft gefürchteter Pilzarten nachgewiesen worden. Eine dieser Arten beeinträchtigt zum Beispiel die Wurzeln des Weizens. Pilzsporen sind so gut geschützt, dass ihnen die Passage durch den Darm eines Regenwurms nichts ausmacht. Sie kommen mit den Kothäufchen der Regenwürmer auf die Pflanzen und können so – im Gegensatz zu Pilzsporen, die in den Wandverkleidungen der Regenwurmröhren festgeklebt sind – weiterverteilt werden.

Daneben können Regenwürmer auch die Zysten des Kartoffelälchens verbreiten. Diese Überdauerungsformen der

Älchen können teilweise lange im Boden ruhen. Sobald sie in den Darm eines Regenwurms gelangen, werden sie durch die darmeigenen Enzyme des Wurms aktiviert. Die erwachsenen Älchen können dann die heranwachsenden Kartoffeln wurmartig ausfressen und zum Faulen bringen. Oft gilt daher: Je mehr Regenwürmer im Kartoffelacker sind, desto mehr Älchen treten auf.

Regenwürmer können überdies Zwischenwirte für den Hühnerbandwurm sein.

Schließlich wurde auch ermittelt, dass Regenwürmer die Eier verschiedener »Pflanzenschädlinge« im Herbst in die frostfreie Tiefe ihrer Wurmgänge bringen, wo die Eier selbst strenge Winter überstehen.

In einem gepflegten Zierrasen führt die Boden verbessernde Lebensweise der Regenwürmer zur vermehrten Ansiedlung von typischen »Rasenunkräutern«, die dann das gepflegte Bild stören können. Dabei ist zu beachten, dass viele Pflanzensamen nicht zerstört werden, wenn sie den Darm des Regenwurms passieren. Sie keimen anschließend in den Kothäufchen des Wurms aus. Zusätzlich können die Kothäufchen für sich allein den Sportbetrieb auf den besonders sorgfältig gepflegten Tennis-, Golf- und Bouleflächen stören.

Indirekt negative Folgen kann die Anwesenheit von Regenwürmern dadurch haben, dass die Würmer für viele Tierarten regelrechte Leckerbissen sind und diese dadurch anlocken. Die angelockten Tiere können dann »lästig« werden oder eine »Bedrohung« darstellen. Auf kleineren Flugplätzen sind zum Beispiel durch Regenwürmer angelockte Vögel eine erhebliche Gefahr für startende und landende Flugzeuge.

In Gärten ist es der Maulwurf, der sich bei reichlich vorhandener Regenwurmnahrung gerne ansiedelt. Beete und Rasenflächen zieren dann bald unzählige Maulwurfshügel, was nicht jeder Gartenbesitzer tolerieren mag. Mitunter kommt es auch zu Unmut, wenn Füchse und am Rande von Gemeinden auch Dachse des nachts in Gärten eindringen, dort die wunderbaren »Leckerli« ausgraben und die Beete dabei in Unordnung bringen.

Der »Schaden«, den Regenwürmer gelegentlich anrichten und der dazu führte, dass man sie in früheren Zeiten, in denen man ihren positiven Einfluss auf die Bodenfruchtbarkeit noch nicht erkannt hatte, mitunter als »Schädlinge« verfolgte und gänzlich aus den Beeten zu beseitigen suchte, wird durch den Nutzen, den sie für die Fruchtbarkeit des Bodens auch im Garten leisten, bei weitem ausgeglichen. Daher sollten wir den Regenwürmern die paar verspeisten, jungen Salatpflanzen gönnen.

Regenwurm gleich Regenwurm?

Beim Bearbeiten der Beete kommen regelmäßig Regenwürmer ans Licht. Manche sind stattlich groß und tiefrot gefärbt, andere kleiner und heller. Weil sie einander trotzdem so ähnlich sehen, scheint es nicht wichtig zu sein, diese Formen näher zu unterscheiden. Es sind eben alles Regenwürmer – oder? Lediglich der berühmte Kompostwurm, der im Handel unter verschiedenen, spannend klingenden Namen angepriesen wird, ist offensichtlich etwas Besonderes. Leben neben dem Kompostwurm also nur noch »Regenwürmer« im Garten?

Regenwürmer sind in vielen Lebensräumen, selbst in Baumwipfeln, zu Hause.

Ganz so einfach ist es nicht, denn die verschiedenen Formen haben durchaus nicht die gleiche Bedeutung für die Bodenbildung und sind auch nicht in gleicher Weise an der Rückführung der Nährstoffe an den Boden beteiligt. Es sind verschiedene Arten, die völlig eigene Lebensformen darstellen, ihre jeweils eigene Lebensweise haben und unterschiedliche Ansprüche an ihre Lebensräume stellen. Selbst ihre Nahrung unterscheidet sich mitunter erheblich. Was für die eine Art gilt, muss nicht für alle anderen gelten, kann sogar für eine andere Art ganz und gar falsch sein. Regenwurm ist also durchaus nicht gleich Regenwurm, obwohl es zunächst so erscheinen mag.

Die allgemeine Vorstellung von der Lebensweise eines Regenwurms stimmt sehr gut mit der des Gewöhnlichen Regenwurms überein: tiefreichende Röhre und Nahrungssuche vor allem nachts an der Oberfläche. Das ist kein Zufall, denn der Gewöhnliche Regenwurm gehört zu den Arten, denen wir im Garten regelmäßig begegnen. Viele andere Regenwurmarten unterscheiden sich in ihrer Biologie und in ihren Lebensräumen allerdings erheblich von diesem bekannten Bodenbewohner (siehe auch Seite 32). Für Regenwürmer geeignete Lebensräume müssen allgemein eigentlich nur ausreichend Feuchtigkeit und Schutz vor dem Tageslicht bieten. So können Regenwürmer auch im Mulm hohler Bäume – auch in großen Höhen –, unter der Borke umgestürzter Bäume oder unter Steinen in Gewässernähe leben. In den Wipfelregionen tropischer Wälder entfalten sie ebenfalls ihre segensreiche Tätigkeit und ermöglichen so das langjährige Gedeihen von Bromelien und anderen Aufsitzerpflanzen. Verwandte des Regenwurms kommen auch am Grund von Teichen

Regenwürmer leben nicht nur im Boden, sondern auch im Mulm zerfallender Bäume, unter Rinde oder in der obersten Streuschicht des Bodens.

und in Sümpfen vor: Diese Würmer der Gattung *Tubifex* (Röhrenmacher) werden auch industriell gezüchtet und als Fischfutter für Aquarien verkauft.

Neununddreißig verschiedene Regenwurmarten wurden hierzulande bisher nachgewiesen, alle sind einander recht ähnlich und meist nur für einen Fachmann zu unterscheiden. Alle tragen einen wissenschaftlichen Namen, der nach weltweit anerkannten Regeln vergeben worden ist und in allen Ländern und Forschungsstätten der Welt so lange gilt, bis man zu einer anderen Erkenntnis kommt. Beschreibt ein Forscher in Deutschland seine neuesten Untersuchungsergebnisse über eine dieser Arten, so wissen seine Kollegen in Lateinamerika ebenso wie in China oder Japan, über welche Art er etwas mitteilt. Für den Gärtner hat diese international gültige Nomenklatur jedoch kaum eine Bedeutung.

Natürlich muss man die Verschiedenheit der unterschiedlichen Regenwurmarten auch als Autor eines Gartenratgebers berücksichtigen. Deshalb sollte jede Art mit weiter Verbreitung und einer gewissen Bedeutung für den Garten in diesem Buch mit einem eindeutigen Namen angesprochen werden. Am einfachsten wäre es, hierfür die wissenschaftlichen Namen zu verwenden. Abgesehen davon, dass es sich bei vielen dieser Namen um echte Zungenbrecher handelt, sind sie ohne Lateinkenntnisse kaum verständlich und nur schwer zu merken. Eine weitere Schwierigkeit besteht darin, dass es für viele der einheimischen Regenwurmarten keine deutschen Namen gibt. Außerdem werden viele der deutschen Namen, die es gibt, regional für verschiedene Würmer verwendet.

Als Ausweg aus diesem Dilemma wurden in diesem Buch die deutschen Namen, die in der wissenschaftlichen Literatur verwendet werden, übernommen und um eigene Vorschläge ergänzt. Damit jeder Leser nachvollziehen kann, welcher Wurm gemeint ist, sind die verwendeten und die neuen Namen zusammen mit den gültigen wissenschaftlichen Namen in einer Liste zusammengestellt (siehe Seite 28, neue Namensvorschläge in kursiver Schrift). Dabei ist es sicher müßig, sich über die Zweckmäßigkeit der einen oder anderen deutschen Wortschöpfung auseinanderzusetzen, solange das grundsätzliche Ziel erreicht ist, nämlich verständlich auszudrücken, über welche Regenwurmart berichtet wird.

Auch in Gewässernähe, in feuchten Wiesen und sumpfigem Gelände trifft man die regen Würmer an: Sie sind ganz und gar nicht wasserscheu.

Weltweite Verbreitung der Regenwürmer

Regenwürmer leben in Europa, Nordamerika, Australien und Asien und sind in nahezu allen Lebensräumen zuhause – nicht nur im Erdboden, sondern auch unter der Borke und in Mulmhöhlen alter Bäume, in sehr feuchten Lebensräumen in Gewässernähe oder in den Wipfelregionen hoher Bäume. Die meisten Arten leben in den gemäßigten Klimazonen nördlich oder südlich des Äquators. Auch im Boden tropischer Wälder sorgen verschiedene Regenwurmarten in den oberen Bodenschichten dafür, dass die im Falllaub enthaltenen Nährstoffe rasch wieder für Pflanzen verfügbar werden. Selbst in der Subarktis, die sich nördlich an die gemäßigte Zone anschließt, gibt es einige Regenwurmarten, die den dort langen, eisigen Wintern trotzen. Weltweit sind bisher etwa 320 Arten dieser ökologisch wichtigen Würmer bekannt.

Wissenschaftlicher Name	**Im Buch bezeichnet als**	**Lebensform**
Allolobophora chlorotica	Kleiner Ackerwurm	endogäisch
Allolobophora nocturna	***Nächtlicher Ackerwurm****	endogäisch
Aporrectodea caliginosa	Kleiner Wiesenwurm	endogäisch
Aporrectodea longa	Großer Wiesenwurm	anözisch
Aporrectodea rosea	***Rosa Wiesenwurm****	endogäisch
Dendrobaena eiseni	***Eisens Rindenwurm****	epigäisch
Dendrobaena rubida	Köcherwurm	epigäisch
Dendrobaena subrubida	***Rötlicher Rindenwurm****	epigäisch
Eisenia foetida	Kompostwurm	epigäisch
Eiseniella tetraeda	***Eisens Zwergwurm****	epigäisch
Lumbricus castaneus	Brauner Laubfresser	epigäisch
Lumbricus rubellus	Roter Laubfresser	epigäisch
Lumbricus terrestris	Gewöhnlicher Regenwurm	anözisch
Octolasium lacteum	Großer Ackerwurm	endogäisch
*Bei diesen Namen handelt es sich um Vorschläge meinerseits, weil es für diese Wurmarten bisher noch keine deutsche Namen gibt.		

Die Lebensräume des Regenwurms

Um die einheimischen Regenwurmarten verständlich zu beschreiben, reicht es, sie nach bestimmten ökologischen Kriterien in drei Gruppen zusammenzufassen: in die sogenannten epigäischen, endogäischen und anözischen Regenwurarten. Jede Gruppe wird durch mehrere Arten repräsentiert, jede Gruppe bewohnt einen anderen Bereich des Erdbodens und unterscheidet sich von den anderen Gruppen in ihrer Lebensweise ebenso wie in ihrer Bedeutung für den Boden. Gleichzeitig zeichnen sich die Arten durch anatomische und physiologische Gemeinsamkeiten aus. Damit ist eine einfache und sehr praktikable Gliederung gefunden.

Die flach grabenden, **epigäischen Würmer** halten sich nur in der obersten, humusreichen Bodenschicht auf. Ihr Hautmuskelschlauch ist schwach ausgebildet. Daher besitzen sie nicht die Kraft, sich in das kompakte Erdreich hineinzuarbeiten. Dafür sind sie schnell und beweglich und kriechen rasch durch die weiten Klüfte und Spalten der obersten Streuschicht. Auch in Baumstubben und unter der Rinde abgestorbener Bäume sind sie auf Nahrungssuche unterwegs. Ähnlich wie die Bräunung unserer Haut einen gewissen Schutz vor der Sonne bietet, besitzen diese Regenwurmarten durch ihre dunkle Körperfarbe einen besseren Sonnenschutz als hellere Arten.

Die epigäischen Arten werden in ihrer Bedeutung für die Bodenfruchtbarkeit meist unterschätzt. Doch gerade sie lagern den humosen Oberboden besonders intensiv um. Ihre Hauptnahrung besteht aus dem Kot von Asseln und anderen Falllaubfressern, den sie weiter aufbereiten, sodass nützliche Bodenbakterien den Abbau dieser organischen Abfallstoffe anschließend fortsetzen können. Gäbe es diese Regenwürmer nicht, käme der Abbau der organischen Materie nur stockend voran. Zu den epigäischen Arten zählen zum Beispiel der Kompostwurm, der Rote Laubfresser und der Braune Laubfresser.

Andere Regenwürmer meiden genau diesen humusreichen Oberboden und bevorzugen die tieferen Bodenschichten. Auf diese weitgehend pigmentlosen, weißlichen Tiefenformen, die **endogäischen Arten,** trifft man beim Bearbeiten der Beete nur selten, denn sie steigen kaum einmal in die oberflächennahen Bodenschichten auf. Ihr Lebensraum ist der humusarme Unterboden, der mit dem Spaten bei der Gartenarbeit normalerweise nicht mit umgebrochen wird. In der Tiefe durchziehen diese Regenwurmarten den Boden mit ihren Gängen. Sie müssen große Mengen dieses Rohbodens aufnehmen, um sich ausreichend mit verwertbaren organischen Stoffen zu versorgen. Ihr Darm ist daher stets mit Erde gefüllt. Beispiele für Tiefenwürmer sind der Große Ackerwurm, der Kleine Ackerwurm und der Kleine Wiesenwurm.

Unser Gewöhnlicher Regenwurm gräbt dagegen feste Wohnröhren in den Boden, die mehrere Meter tief nach unten führen können und dabei mehrere Bodenschichten durchdringen. Ihn rechnet man zu den Tiefgräbern oder **anözischen Arten.**

Senkrecht in die Tiefe führt bei diesen Arten meist nur ein unverzweigter Gang, der sich in der oberen Bodenschicht durch reiche Verzweigungen auffächert. Der oberflächennahe Fächer entsteht bei der Futtersuche, da der Wurm hierbei stets neue Wege geht. Viele Regenwurmarten der anözischen Gruppe graben in ihrer Jugend zudem eher waagrechte, oberflächliche, epigäische Gänge und ziehen erst später in die Tiefe.

Die anözischen Regenwurmarten bilden, weil sie sowohl auf dem Boden als auch tief darin leben und daher weder den Oberflächen- noch den Tiefenwürmern zugeordnet werden können, eine eigene ökologische Gruppe. Sie kommen vorwiegend in der Nacht aus ihren Röhren und suchen sich ihr

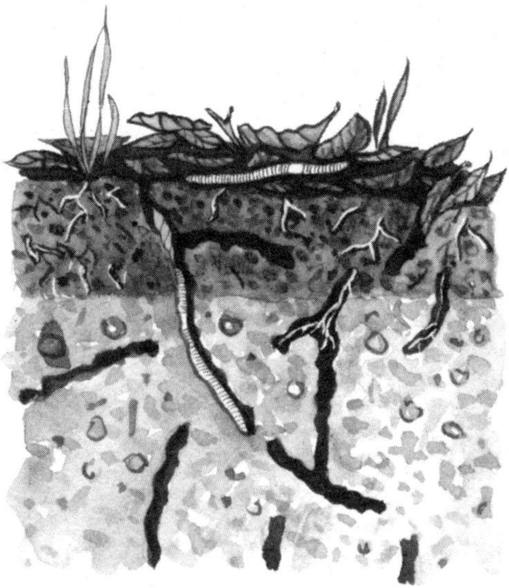

Allgemein unterscheidet man drei Lebensformen bei Regenwürmern: Die epigäischen Arten leben in der obersten Streuschicht, die anözischen Arten pendeln zwischen Bodenoberfläche und mineralischem Unterboden, die endogäischen Arten leben ausschließlich im mineralischen Unterboden.

Futter vor allem auf der Bodenoberfläche. Gespeist wird anschließend in der Wohnröhre. Ihren sehr nährstoffreichen Kot nutzen sie vor allem dazu, die Wände ihrer Wohnröhren zu verputzen. Dabei geben sie außerdem große Mengen Schleim ab, der sich an den Innenwänden der Röhren verteilt. Dies ist ein idealer Nährboden für Bakterien, die ebenfalls wichtige Helfer für fruchtbaren Boden sind. Auch die stets hungrigen Pflanzenwurzeln kennen das nährstoffreiche Geheimnis der Regenwurmröhren, wachsen bevorzugt dort hinein und überziehen die Innenwände mit ihren Haarwurzeln.

Lebensform	**epigäisch**	**anözisch**	**endogäisch**
Lebensraum	oberflächlich, in der Streuschicht, auch in faulendem Holz, bis 20 cm Tiefe	im Boden, von der Oberfläche bis zum mineralischen Unterboden, bis 7 m	im mineralischen Unterboden, in 10 bis 100 cm, meist in 10 bis 20 cm Tiefe
Gangsystem	keine Wohnröhren, nur Fraßgänge	dauerhaft genutzte Wohnröhren, nach unten senkrecht, nach oben verzweigt	dauerhaft genutzte, mehr oder weniger waagerechte Wohnröhren
Bedeutung für den Boden	Zersetzung der organischen Reste	Abbau organischer Reste, Umgraben und Belüften des Bodens, Nährstoffanreicherung im Unterboden	Vermischen von anorganischen und organischen Bodenpartikeln, Lockern und Durchlüften
Nahrung	hauptsächlich organische Reste von Tieren und Pflanzen, Dung, Kot anderer Bodenlebewesen, Bakterien und Pilzfäden	hauptsächlich organische Reste, in den Boden gezogen, Sand und Ton aus dem Unterboden, Bakterien und Pilzfäden	hauptsächlich Sand und Ton aus dem Unterboden, abgestorbene Wurzeln, stark zersetzte organische Reste
Körperfarbe	starke Pigmentierung, meist auch am Bauch, tiefrot bis bräunlich als Schutz vor ultravioletter Sonnenstrahlung	mäßig starke, rötlich violette Pigmentierung, meist nur auf dem Rücken, vorne stärker, am Hinterende oft sehr viel heller	schwache bis fehlende Pigmentierung, weißlich blass

Lebensform	**epigäisch**	**anözisch**	**endogäisch**
Körperlänge	überwiegend kleine Formen bis 3 cm	große Würmer bis 60 cm	mittelgroße Würmer bis 15 cm, oft sehr dünn
Bewegungsgeschwindigkeit	rasches Durchdringen der Humusschicht	kann sich schnell in das Röhrensystem zurückziehen, ansonsten langsam	langsam
Lebenserwartung	wenige Jahre, noch kaum erforscht	bis zu 10 Jahre, noch kaum erforscht	noch kaum erforscht
Kokons pro Jahr	8 bis 12, auch mehrere Nachkommen pro Kokon	weniger als 30, ein Jungwurm pro Kokon	weniger als 20, ein Jungwurm pro Kokon
Feinde	viele Feinde, vor allem Vögel, Säuger, Bodenarthropoden (Tausendfüßler, Insekten)	viele Feinde, aber Schutz im Bau, Maulwurf, Bodentiere, Vögel	im Boden recht gut geschützt, überwiegend Bodenarthropoden
Reaktion auf Trockenheit	Kokonstadium	Ruhestadium (einfache Ruhezeit, Quieszenz)	Schlafstadium (Diapause)
Optimaltemperatur	20 bis 29 °C; für den Kompostwurm: 25 °C	10 bis 20 °C; für den Köcherwurm: 20 °C	5 bis 18 °C; für den Kleinen Wiesenwurm: 12 °C
Typische Vertreter	Kompostwurm, Brauner Laubfresser, Roter Laubfresser	Gewöhnlicher Regenwurm, Köcherwurm, Großer Wiesenwurm	Kleiner Wiesenwurm, Kleiner Ackerwurm, Rosa Wiesenwurm

Hinsichtlich der Kotmenge unterscheiden sich die verschiedenen Lebensformen des Regenwurms recht deutlich voneinander. Produziert der tief grabende Gewöhnliche Regenwurm die rund 270-fache Menge seines eigenen Körpergewichts an Kot pro Jahr, so ist es bei einem Tiefenwurm, der in den nährstoffarmen, tieferen Schichten des Erdreiches lebt und selten an die Oberfläche kommt, rund das 400-fache seines Körpergewichtes. Dieser Vergleich zeigt eindrucksvoll, wie arm die von einem Tiefenwurm aufgenommene Nahrung an für ihn verwertbaren Stoffen ist und wie viel er davon fressen muss, um einigermaßen über die Runden zu kommen. Es zeigt zugleich aber auch, dass diese Würmer einen sehr großen Anteil an der Bioturbation, also an der durch Regenwürmer geleisteten Umschichtung des Bodens, haben.

In den meisten Böden bilden Vertreter dieser beiden ökologischen Gruppen zusammen mit den flach grabenden Arten ein Team. Dabei kommt den Tiefgräbern die Rolle zu, den Humus von der Bodenoberfläche in die Tiefe zu bringen und dort als unvollständig verdaute Masse zu deponieren. Die Tiefenwürmer nutzen diese Nährstoffdepots für ihre eigene Ernährung und vermischen sie intensiv mit dem mineralischen Unterboden. Dadurch schaffen sie die Voraussetzung für einen tiefgründigen Boden. Dieses Zusammenspiel unterschiedlicher Ernährungstypen verdeutlicht, dass eine Regenwurmart allein, seien es nun Tiefgräber oder Tiefenbewohner, wesentlich weniger auszurichten vermag als ein Team aus unterschiedlichen ökologischen Typen.

Auch die flach und die tief grabenden Regenwurmarten bilden eine gut funktionierende Arbeitsgemeinschaft. Die flach grabenden Arten beschleunigen den Abbau in der oberen humusreichen Bodenschicht, die tief grabenden Arten verteilen die organischen Abbauprodukte in den durchwurzelten

Bodenschichten und vermischen die von der Bodenoberfläche und aus dem Boden stammenden organischen Abbauprodukte mit bodeneigenen Tonmineralen zu den besonders wertvollen Ton-Humus-Komplexen (siehe Seite 101).

Dieses System funktioniert so hervorragend, dass auf einem so versorgten Boden die anspruchsvollsten Pflanzen über tausende von Generationen wachsen können, ohne den Boden auszulaugen oder zu ermüden. Es ist gleichsam ein Rundum-glücklich-Paket für alle Beteiligten.

Kleine Wurmbiologie

Regenwürmer sind langweilig, könnte man meinen, denn was haben sie schon zu bieten? Es sind doch nur längliche Muskelschläuche, die weder zahm werden noch in einem Terrarium für unterhaltsame Augenblicke sorgen. Diese Erdbewohner lassen sich in der Tat nicht mit einem Wellensittich oder einem Goldhamster vergleichen. Und doch geht von ihnen eine Faszination aus, eine Faszination des völlig fremdartigen und vielleicht auch leicht gruseligen Lebewesens. Es wird sicher nicht wenige Zeitgenossen geben, für die die Beschäftigung mit diesem »glitschigen Nichts« eine Art Mutprobe darstellt. Wie gut lässt sich das eigene Vorurteil besiegen und der Ekel überwinden? Und warum sollte man dies überhaupt tun?

Brauner Laubfresser

Die zweite Frage ist leicht zu beantworten: weil sich der Regenwurm bei näherer Betrachtung als ein Wunder der Natur offenbart. Für mich ist es immer wieder faszinierend zu erleben, welch penible »Technik« in so einem Wurm steckt. In jeder Zelle seines Körpers tritt uns das Wunder des Lebens entgegen: Nur mit dem Nötigsten ausgestattet, ist der Regenwurm äußerst erfolgreich im »Kampf ums Dasein« und einer der Garanten für üppigen Pflanzenwuchs, artenreiche Wälder und Wiesen und nicht zuletzt für gesunde Ernährung.

Wir erleben in Gestalt des Regenwurms ein ums andere Mal, dass dessen so einfach wirkender Körper ein hohes Maß an Vollkommenheit für dessen Lebensweise erreicht hat. Das Fehlen eines knöchernen Skeletts und die Ringelung in einzelne weitgehend autonome Körpersegmente dürfen keineswegs als Zeichen mangelnder Entwicklungshöhe verstanden werden.

Allein die Tatsache, dass sich dieser Körperbau im Verlauf von Millionen Jahren bewährt hat – erste bisher bekannte Nachweise stammen aus dem Silur (vor etwa 420 Millionen Jahren) –, belehrt uns eines Besseren: So haben diese Tiere die große Krise am Ende des Erdaltertums vor 270 bis 260 Millionen Jahren überstanden, in deren Folge die damals vorherrschenden säugerähnlichen Reptilien verschwanden (derzeit gibt es noch keine allgemein akzeptierte Meinung, was diese Krise ausgelöst haben könnte), und auch den Meteoriteneinschlag am Ende des Erdmittelalters vor etwa 65 Millionen Jahren überlebt, der damals nahezu alles Leben auf der Erde vernichtet hat.

Kleiner Ackerwurm

Die äußere Erscheinung des Regenwurms

Wenn Regenwürmer nach einem Regenguss aus ihren Gängen kommen, lassen sie sich am besten beobachten. Im Folgenden soll der Gewöhnliche Regenwurm exemplarisch beschrieben werden.

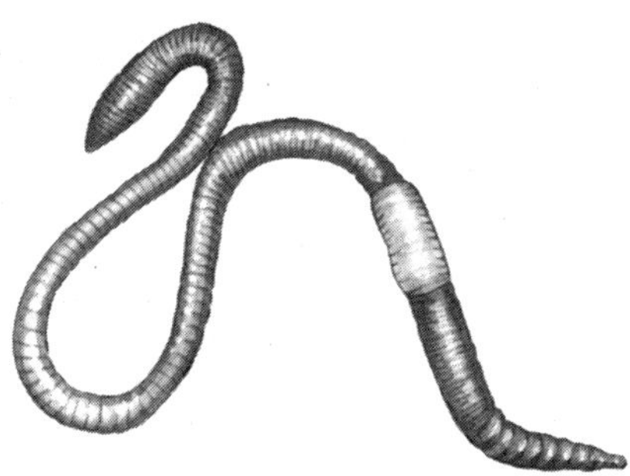

Großer Wiesenwurm

Vorne – hinten, oben – unten

Grau bis rotbraun gefärbt, bis zu 30 Zentimeter lang und mit einem deutlich quer geringelten Körper kriecht der Regenwurm über den nassen Rasen. Einen durch einen Hals vom Körper abgesetzten Kopf suchen wir vergebens, dennoch ist ersichtlich, dass das dunklere Ende vorne ist.

Es streckt sich suchend aus und zieht, sobald es sich für den weiteren Weg entschieden hat, das blassere und etwas abgeplattete Hinterende nach. Deutlich ist zu erkennen, dass diese Kriechbewegung in zwei Wellen durch den Körper läuft. Der Fachbegriff für diese Art der Bewegung lautet Peristaltik. Durch Strecken und Zusammenziehen des Körpers geht es nur gemächlich voran. Die Höchstgeschwindigkeit beträgt denn auch nur 5 Meter pro Stunde. Das reicht, um pro Nacht etwa 20 Meter weit zu kommen. Dafür ist diese Art der Fortbewegung geradezu prädestiniert für eine grabende Lebensweise, bei der Sprinterqualitäten keine Rolle spielen (siehe auch Seite 48).

Bei den Bewegungen treten die Ringe, aus denen der ganze Körper des Regenwurms zu bestehen scheint, deutlich hervor – je nach Art sind es zwischen 90 und 200, beim Gewöhnlichen Regenwurm sind es 180. Vom ersten bis zum letzten Ring wirkt der Körper dabei weitgehend gleichförmig gegliedert – lediglich vom Frühling bis zum Herbst wird diese gleichartige Gliederung von einem sattelförmigen Abschnitt in der Mitte des Wurmkörpers unterbrochen, dem Clitellum (siehe Seite 41). Das Ganze ähnelt – bis auf das dunkelrote bis violette, spitz zulaufende Vorderende – einem Seil, das mit heller Kreide in einzelne Abschnitte unterteilt wurde.

Nach hinten verliert sich die rote Pigmentierung, der abgeplattete Körper wird zunehmend blasser und erscheint im letzten Drittel hellgrau.

Wird der Regenwurm etwas zur Seite gerollt, kann man erkennen, dass auch seine gesamte Unterseite hell ist.

Wird das vorwärtsstrebende Ende mit dem Finger angestoßen, zieht es sich sofort zurück und streckt sich kurz darauf in einer anderen Richtung wieder aus. Den Rückwärtsgang nutzt ein Regenwurm nur in wenigen Situationen: wenn er bei der Eiablage den Schleimring abstreift, der dann zu einem Eikokon wird (siehe Seite 67), wenn er sein Hinterende aus dem Bau streckt, um außerhalb ein Kothäufchen abzusetzen, wenn er Blätter rückwärts in seinen Bau zieht oder nachts mit dem Vorderende aus der Röhre schaut und rasch, zum Beispiel vor einem Feind, flüchten muss. Da die Borsten des Regenwurms nach hinten gerichtet sind (siehe unten), kann er nur vorwärts gut vorankommen und dreht eher um, als rückwärts zu kriechen.

Borsten statt Beine

Beine, die die Fortbewegung unterstützen würden, sind am runden Körper des Regenwurms nicht vorhanden. Der Wurm gleitet durch die peristaltische Bewegung vorwärts, wobei der durch den aufliegenden Schleimfilm leicht glitschige Körper durch eine große Anzahl von Borsten Halt bekommt. Erst bei ganz genauem Hinsehen sind diese Borsten an den Körperseiten als kleine schwarze Punkte auszumachen. Mit ihrer Hilfe verankert sich der vorgestreckte Vorderkörper am Boden oder im Gras, während er sein Hinterende nachzieht. Die meisten Borsten bilden nach hinten gerichtete, nadelspitze Haken, die oft noch in einer ankerförmigen Spitze enden. Auf der Körperseite der Borsten setzen spezielle Muskeln an, mit denen die Borsten ausgefahren und aufgestellt werden können. Entfernt erinnert dies an die ausfahrbaren Krallen einer Katze. Die Borsten bestehen aus Chitin, aus dem auch das Außenskelett der Insekten besteht. Abgebrochene Borsten können nachwachsen.

Im Verlauf der Evolution haben diese Borsten die für ihre speziellen Aufgaben jeweils geeignete Gestalt erhalten und stellen hoch spezialisierte Werkzeuge dar. Sie unterscheiden sich in Form und Länge nicht nur bei den einzelnen Regenwurmarten entsprechend der arttypischen Lebensweise, auch ein einzelner Wurm trägt an seinem Körper unterschiedlich gestaltete, auf bestimmte Aufgaben spezialisierte Borsten (zum Beispiel zum Festhalten im Erdreich, zum Verankern bei der Paarung oder zum Graben und Kriechen).

Mit Ausnahme des ersten Ringes, der immer borstenlos ist, trägt jedes Segment acht dieser Borsten. Meist stehen zwei Borsten paarweise nebeneinander. Die sich so ergebenden vier Borstenpaare verteilen sich auf die Körperflanken und den Bauch. Ihre Anordnung variiert bei den verschiedenen Arten und ist ein wichtiges Merkmal, das zur Bestimmung einer Art herangezogen wird.

Besonders kräftige Borsten befinden sich am hinteren Ende des Regenwurms. Mit ihrer Hilfe kann der Wurm sein Hinterende in seiner Röhre verankern, während er mit dem vorderen Ende in der Umgebung seiner Röhre nach Fressbarem sucht. Die Borsten am Hinterende helfen ihm auch, ein welkes Blatt in seine Röhre zu ziehen. Wie fest er sich mit Hilfe seiner Borstenpaare in der Röhre halten kann, weiß jeder Angler, der einmal versucht hat, einen nachts zur Hälfte aus der Röhre gekrochenen Regenwurm ganz herauszuziehen. Nicht selten endet der Versuch damit, dass das Vorderende des Wurmes abreißt. Auch Vögel wie die Amsel haben große Mühe, einen solchen noch mit seinem Hinterende im Boden steckenden Wurm ganz herauszuziehen.

Heller und dunkler Hauttyp

Die Körperfarbe eines Regenwurms hängt von seiner Lebensweise ab. Jene Arten, die nur in den oberen Schichten des Bodens und in der aufliegenden Laubschicht leben wie der Kompostwurm, benötigen einen stärkeren Lichtschutz und sind daher dunkler gefärbt als tief grabende Regenwurmarten wie der Gewöhnliche Regenwurm. Für zusätzlichen Schutz sorgt bei einigen dieser Arten eine spiegelnde Schutzschicht, die den Körper in allen Farben schillern lässt. Die Pigmente befinden sich immer in der äußersten Schicht der Haut. Sie entstehen als Abbauprodukte des Stoffwechsels und gehören chemisch zu den Porphyrinen. Oft sind die Pigmente in der Haut zu Bändern oder Mustern gruppiert. Manche Zuchtstämme des Kompostwurms erhalten dadurch ihre auffällige Ringelung.

Ohne intensive Pigmentierung kommen dagegen diejenigen Wurmarten aus, die ihr ganzes Leben in den tieferen Schichten des Bodens verbringen. Sie sind mitunter so wenig pigmentiert, dass der farbige Inhalt ihres Darmes deutlich zu erkennen ist. Auch die gelbliche Körperflüssigkeit, das rote Blut oder farbstoffhaltige Körperzellen wie die grünen Chloragogzellen wirken dann farbgebend.

Das Clitellum

Eine besonders auffällige Stelle am Körper eines Regenwurms ist die helle Schwellung vor der Mitte des Tieres.

Sie wird als Clitellum bezeichnet und zeigt an, dass der Wurm ausgewachsen und geschlechtsreif ist. Der dem Lateinischen entlehnte Begriff bedeutet ins Deutsche übertragen »Tragsattel«. Die häufig für Clitellum verwendete Bezeichnung

»Gürtel« ist eher unpassend, weil das Clitellum nicht wie ein Gürtel um den Wurm reicht und überdies nur am Rücken und an den Seiten vorhanden ist und am Bauch fehlt. Im Folgenden wird der wissenschaftliche Fachbegriff verwendet.

Dieses auffällige Organ bildet einen heller gefärbten, geschwollenen Sattel auf der Rückenseite und an den Flanken des Wurmkörpers. Es erstreckt sich über mehrere Körperringe, deren Abgrenzungen durch das Clitellum unsichtbar sind. Sobald sich in den ersten warmen Tagen die Frühlingsgefühle des Tieres regen, strecken und vergrößern sich die an dieser Stelle in die Haut eingelagerten Drüsenzellen so stark, dass sie das Clitellum formen. Die Stelle, an der es sich bildet, ist genetisch festgelegt. Beim Gewöhnlichen Regenwurm befindet es sich immer im Bereich vom 32. bis 37. Körperring. Beim Kompostwurm bilden die Ringe 26 bis 32 das Clitellum.

Das Clitellum spielt bei der Fortpflanzung der Regenwürmer eine wichtige Rolle: Es sondert zum Beispiel den Schleimgürtel ab, der dann zu den zitronenförmigen Behältern erhärtet, in denen sich die Regenwurmeier entwickeln. Diese Behälter werden Kokons genannt (siehe Seite 67).

Mit einer stark vergrößernden Lupe lassen sich an der Bauchseite des Wurmkörpers weitere kleinere Wülste und Poren erkennen, die zusammen mit dem Clitellum nur bei fortpflanzungsfähigen Würmern ausgebildet sind. Auch diese Organe sind wichtig für die Fortpflanzung der Tiere (siehe auch Seite 63).

Wenn im Herbst die Paarungsbereitschaft schwindet, geht die Schwellung vollständig zurück. Sie ist im Winter bei einem zufällig ausgegrabenen, ausgewachsenen Wurm nicht einmal mehr ansatzweise vorhanden.

Neben der Körperfarbe, der Form des Hinterendes und anderen nur unter einer Lupe erkennbaren Merkmalen ist das

Clitellum ein charakteristisches, leicht erkennbares Merkmal, anhand dessen sich die verschiedenen Regenwurmarten unterscheiden lassen.

Die Körperfunktionen des Regenwurms

Wagen wir nun einen Blick in das Innere eines Regenwurms und betrachten wir die sich offenbarende innere Anatomie als ein Kunstwerk der Natur. Was verbirgt sich unter der äußerlich erkennbaren Ringelung?

Fortbewegung

Als Erstes fällt der Blick auf die dünnhäutigen Querwände, die den gesamten Körper in einzelne Fächer unterteilen. Die bei Betrachtung von außen erkennbare Unterteilung in einzelne Körperringe setzt sich nach innen in Gestalt dieser Septen fort. Vergleichbar den Schotten eines Schiffes, ist der gesamte Körper dadurch in 90 bis 200 Segmente gegliedert, die weitgehend eigenständige Einheiten bilden.

Ein Experiment verdeutlicht diese Eigenständigkeit eindrucksvoll. Es kommt immer wieder vor, dass ein Regenwurm durchgetrennt wird. Verklebt man das vollkommen abgetrennte Hinterende in einem wissenschaftlichen Versuch wieder mit dem vorderen Abschnitt des Wurmes und lässt den so vereinten Wurm davonkriechen, laufen die am Kopf beginnenden Kontraktionswellen problemlos über die Trennstelle hinweg bis zum letzten Körperring weiter. Das funktioniert auch, wenn der abgetrennte Teil falsch herum angesetzt wird. Der wieder angesetzte Teil läuft nun gleichsam im Rückwärtsgang mit. Geordnete und von vorne bis hinten durch den Körper laufende Peristaltikwellen sind sogar dann noch möglich, wenn zwischen die beiden getrennten Körperabschnitte ein Stück Schnur eingesetzt wird und die beiden Teile nicht mehr direkt miteinander verbunden sind.

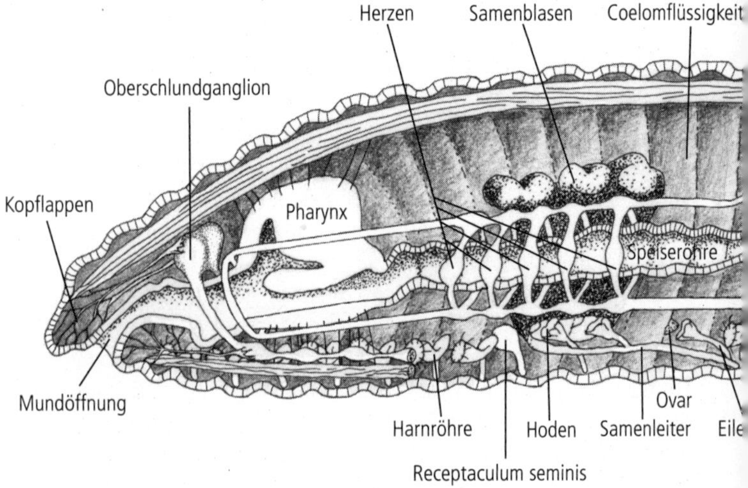

Offensichtlich wird die Kontraktionswelle des kriechenden Wurmes in diesem Fall nicht zentral angeordnet und gesteuert. Es ist vielmehr so, dass jedes einzelne Segment noch weitgehend autonom funktionieren, also selbst »schauen« kann, ob es sich zusammenziehen oder langmachen muss. Dafür ist jedes Segment mit einer eigenen Sinneswahrnehmung und einem eigenen Nervenknotenpaar ausgestattet. Bei einem unverletzten Wurm ordnet sich die lokale Wahrnehmung allerdings der vom Kopfende ausgehenden zentralnervösen Steuerung unter.

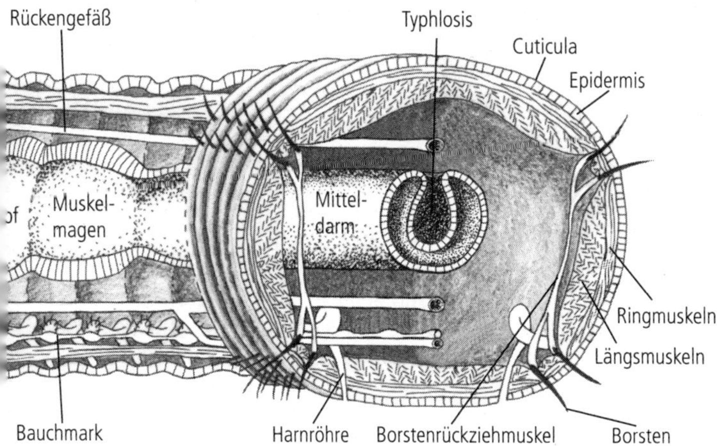

Querschnitt und Längsschnitt durch den Gewöhnlichen Regenwurm

Die Coelomflüssigkeit

Die große Beweglichkeit und Formbarkeit seines Körpers – mal ist er lang und dünn, mal kurz und dick – zeigen, dass der Regenwurm keine knöcherne Wirbelsäule besitzt. Auch ein Außenskelett nach Art der Insekten suchen wir bei diesem weichhäutigen Tier vergeblich. Seine Festigkeit erhält der Köper allein dadurch, dass die einzelnen Segmente prall mit Flüssigkeit gefüllt sind. Es ist im Prinzip wie bei einer Luftmatratze, die erst nach dem Aufpusten eine stabile Form annimmt. Die Wissenschaft spricht in solch einem Fall von einem Hydroskelett. Dieses Baukonzept hat sich im Verlauf der Evolution bei einer großen Anzahl verschiedener Tiere immer wieder unabhängig voneinander herausgebildet.

Die Flüssigkeit dieses Hydroskeletts wird Coelomflüssigkeit genannt. Sie ist bei den meisten Regenwurmarten weißlich. Bei manchen Arten wie dem Rötlichen Rindenwurm sind Zellen eingelagert, die der Flüssigkeit eine gelbliche Färbung verleihen. Beim Kompostwurm erinnert der Geruch der Flüssigkeit an Knoblauch. Die Coelomflüssigkeit wird bei Trockenheit bis zur Zähflüssigkeit eingedickt, bei ausreichender Wasserversorgung ist sie dünnflüssig.

Außerdem enthält sie »Fresszellen« (amöboide Phagozyten), die den in die Leibeshöhle abgegebenen »Abfall« – Reste von Borsten, Bakterien oder Parasiten – aufarbeiten. Diese Abfallstücke verkleben und sammeln sich im hinteren Ende des Wurms. Da sie sich nicht im Darm befinden, werden sie nicht mit dem Kot ausgeschieden. Anorganische Bestandteile der Coelomflüssigkeit sind Kalkkristalle, die ebenfalls von den Fresszellen verspeist werden. Insgesamt variiert die Zusammensetzung der Coelomflüssigkeit bei den verschiedenen Regenwurmarten sehr.

Manche Arten, zum Beispiel der Kompostwurm, können ihre Coelomflüssigkeit auch aktiv als Abwehrstoff austreten lassen, wenn sie mechanisch oder chemisch gereizt werden. Der Australische Riesenregenwurm *(Megascolides australis,* siehe auch Seite 83) kann sie bis zu 10 Zentimeter weit verspritzen, wenn er sich bedroht fühlt.

Der Hautmuskelschlauch

Mächtige, unter der Haut verlaufende Ring- und Längsmuskeln ermöglichen die Bewegung des Wurms. Sie bilden einen Hautmuskelschlauch, der den Wurmkörper gespannt hält und zielgerichtete Bewegungen ermöglicht. Aber erst die Unterteilung in einzelne Segmente, bei der sich das Zusammenziehen der Muskeln jeweils nur auf einen sehr kleinen Abschnitt des Gesamtkörpers auswirkt, bildet die Voraussetzung dafür, dass das System aus Längs- und Quermuskeln präzise funktioniert.

Beobachtet man einen kriechenden Regenwurm genauer, fällt auf, dass der vorgestreckte Körper wesentlich dünner ist. Dort sind quer verlaufende Muskelbündel am Werk. Sie schnüren den Körper zusammen und zwingen ihn, sich in die Länge zu strecken. Das Verkürzen der einzelnen Ringe, also die Gegenbewegung, erfolgt dann durch die Tätigkeit von längs verlaufenden Muskeln. Dabei wird der Körper kurz und dick. Eine Kontraktion der Längsmuskeln auf nur einer Seite bewirkt eine Krümmung des Körpers. So kann der Regenwurm zielgerichtet über den Boden kriechen, sich eingraben, vor Feinden flüchten und vor seiner Wohnröhre liegende Blätter ergreifen und in seine Röhre ziehen. Der Gegenspieler oder Antagonist zum Spiel der Längs- und Quermuskeln ist der mit Flüssigkeit gefüllte Hohlraum, dessen Volumen bei allen Bewegungen konstant bleibt.

Schon durch Längs- und Quermuskeln allein wären mit diesem Hydroskelett ein Fortkommen und gezielte Richtungsänderungen möglich. Regenwürmer verfügen zusätzlich aber noch über verschiedene schräg laufende Muskelbündel, die eine sehr viel genauere Ausrichtung des kriechenden Körpers ermöglichen. Insbesondere die vom weit vorgestreckten Vorderkörper ausgeführten, pendelnden Suchbewegungen werden von solchen Diagonalmuskeln ausgeführt.

Kriechen und Graben

Nimmt man einen Regenwurm mit den Händen auf, ist dessen Tastsinn alarmiert (siehe Seite 74). Sich heftig windend, versucht er, wieder freizukommen. Auf der Hand fühlt sich der Wurm sichtlich unwohl. Liegt er auf dem Rücken, dreht er sich sofort wieder auf die hellere Unterseite und strebt mit der gleichen Zielstrebigkeit wie am Boden nach vorne. Er erreicht den Ansatz der Finger und zwängt sich mit erstaunlicher Kraft zwischen zwei Fingern hindurch nach unten, bis er kopfüber abzustürzen droht. Die Kraft, seinen Körper nach Art einer Schlange aufzurichten, hat er nicht. Auch fehlen ihm die Sinnesorgane, um die für ihn bedrohliche Absturzsituation zu erkennen. Unbeirrt strebt er weiter nach unten. Es ist sicher angenehmer für ihn, wenn er an einer schattigen Stelle wieder festen Boden unter sich spürt. Dort beginnt er, sich wieder einzugraben. Durchschnittlich zwei Minuten benötigt er, um völlig im Boden zu verschwinden. Zum Schutz vor der für ihn schädlichen ultravioletten Strahlung des Tageslichts bedeckt er seinen Körper mit Laub und lockerer Erde.

Genauso wie er sich auf dem Boden fortbewegt, kriecht und gräbt sich der Regenwurm auch durch das Erdreich. Das Vorderende macht sich lang und dünn und sucht tastend nach geeigneten Spalten im Erdreich. Mit einer Kraft, die der acht-

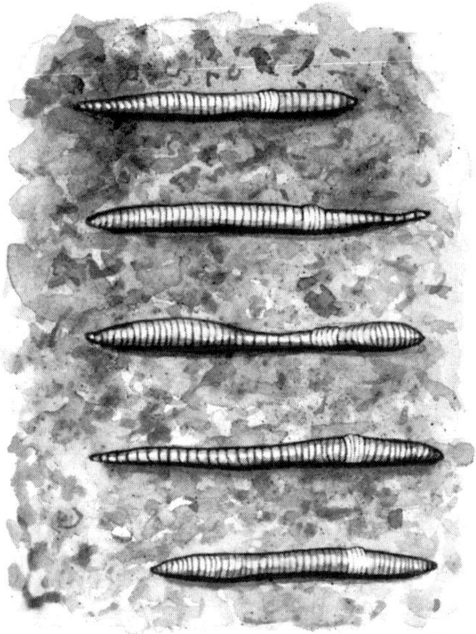

Der Regenwurm beim Kriechen: Das Vorderende – rechts im Bild – macht sich dünn und streckt sich nach vorne. Dann verdickt es sich, zieht sich dabei zusammen, sucht am Untergrund oder in der Umgebung Halt und zieht das Hinterende nach.

fachen Schwerebeschleunigung der Erde entspricht, zwängen sich die ersten Segmente seines Körpers senkrecht selbst in kleinste Spalten des Bodens hinein. Gleichzeitig werden die Borsten am hinteren Körperende weit ausgefahren und im umgebenden Erdreich verankert, um dem Vorderkörper als sicheres Widerlager zu dienen. Nun zieht sich das im Spalt steckende Vorderende mit Hilfe kräftiger Längsmuskeln zusammen, es wird dabei dicker und presst das Erdreich mit einem Druck von rund 98 Kilopascal auseinander, einem Druck, der fast so groß ist wie der normale Luftdruck (auf einem Quadratmeter Erdoberfläche lasten etwa 10 Tonnen Luft). In den geweiteten Spalt kann sich das Vorderende nun tiefer hineindrücken, während sich das hintere Ende wieder im Boden festkrallt und kräftig schiebt. So geht es Stück für Stück tiefer in den Boden hinein, bis der gesamte Wurm verschwunden ist. Mit dieser Technik legt der Gewöhnliche Regenwurm weit in die Tiefe reichende Wohnröhren an, deren Wände durch das Pressen verdichtet und verfestigt werden.

Wohnröhrenbau

Der Bau des Röhrensystems bedeutet langwierige Arbeit für einen Regenwurm. Beim Kleinen Wiesenwurm ist es nach mehreren Tagen Arbeit fertiggestellt. Die Röhre führt bei dieser Art nur etwa 20 Zentimeter tief, ist dafür aber reich verzweigt. Beim Gewöhnlichen Regenwurm, der einige Meter in die Tiefe graben kann, kann es bis zu sechs Wochen dauern, bis das umfangreiche Eigenheim fertig ist. Beim Bau werden mehrere Arbeitsgänge gleichzeitig ausgeführt, so wie es auch beim Bau von U-Bahn-Röhren menschlicher Machart die Regel ist. Während vorne die Arbeiten am Rohbau im Gange sind, wird hinten bereits verputzt und tapeziert. Als Verputz dienen körpereigener Schleim und Kot. Diese Mischung wird auf der Innenwand der gesamten Röhre verteilt und so in alle verbliebenen Ritzen geschmiert, dass Unebenheiten ausgeglichen werden. Die Tapete entsteht im Anschluss sozusagen von allein. Denn auf dem Film aus Kot und Schleim siedelt sich rasch ein dichter Bakterienrasen an. Auch Pilzhyphen durchziehen die Wände (siehe auch Seite 14).

Der Eingang zur Wohnröhre wird alsdann durch ein Blatt oder ein paar Kieselsteinchen verschlossen und nur zum Aus- und Einkriechen kurz geöffnet. Entfernt man den Verschluss,

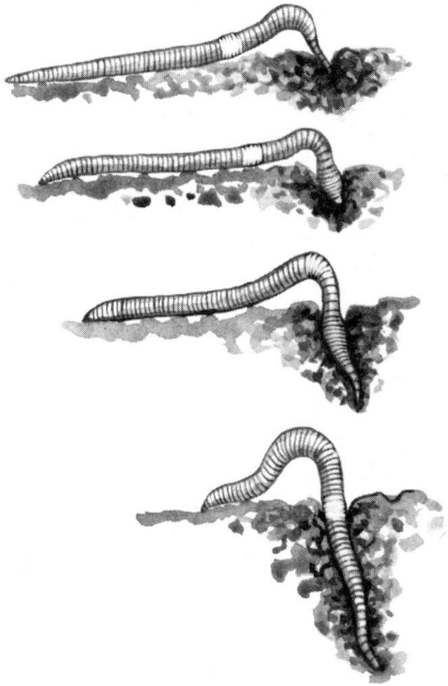

Das Vorderende zieht sich zusammen, wird dabei dicker und presst das Erdreich auseinander.

Nun kann der Wurm tiefer in den geweiteten Spalt eindringen. Mit den Borsten seines Hinterendes krallt er sich am Erdreich fest, sodass ein sicheres Widerlager entsteht.

Stück für Stück geht es tiefer in den Boden hinein, das Hinterende schiebt dabei kräftig an.

Der Regenwurm beim Graben: Das Vorderende macht sich lang und dünn und sucht tastend nach einer geeigneten Spalte im Erdreich. Die ersten Segmente zwängen sich senkrecht in den Boden.

baut der Inhaber umgehend einen neuen. Es ist viel über Sinn und Zweck dieser Tür gerätselt worden. Zur Tarnung des Eingangs kann dieser Verschlusspfropfen eigentlich nicht dienen. Wahrscheinlicher ist, dass er einen Schutz gegen das Eindringen von Regenwasser und kalter Luft darstellt.

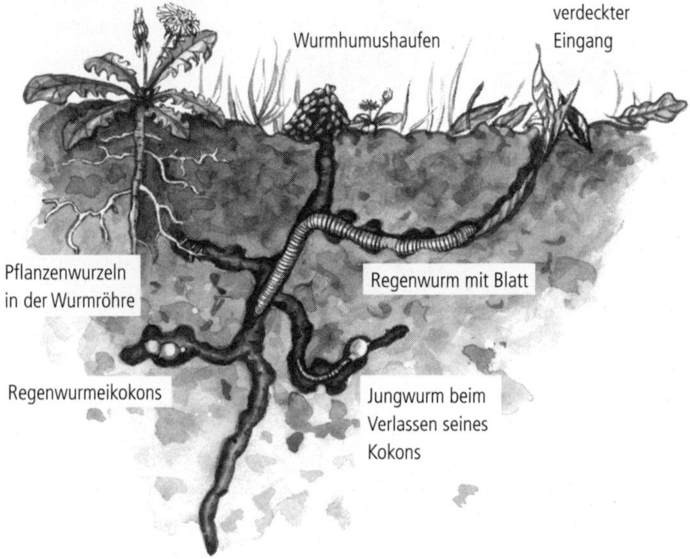

Regenwurmgangsystem

Die oberflächlich lebenden Regenwurmarten legen ein nicht dauerhaft bewohntes Gangsystem an, das hauptsächlich die oberste Bodenschicht durchzieht. Ein grundsätzliches Prinzip, nach dem sich diese Würmer beim Bau richten, ist nicht bekannt. Hauptzwecke dieses Gangsystems sind das Auffinden von Nahrung und das Zusammenfinden der Partner zur Fortpflanzung. In der kälteren Jahreszeit werden die Gänge tiefer geführt. In bis zu 50 Zentimeter Tiefe ruhen die Würmer dann und warten auf bessere Zeiten. Auch sommerliche Trockenheit überstehen sie auf diese Weise.

Größere Regenwurmarten, zum Beispiel der Gewöhnliche Regenwurm, graben dagegen dauerhaft bewohnte Gänge, die so weit in die Tiefe führen, dass der Wurm am Ende seines Ganges sicher vor Feinden ist und weder die Hitze und Trockenheit im Sommer noch die Kälte im Winter spürt. Jede Nacht gräbt das Tier auf der Suche nach Futter im oberen Bereich des Bodens neue Abzweigungen. Deshalb ist dieses Gangsystem im unteren Teil unverzeigt und oben fächerartig verzweigt.

Da der Wurm seinen Gang über längere Zeit nutzt, wird dieser ständig gepflegt. Wichtigste Pflegemaßnahme ist das beständige »Nachtapezieren« der Wände mit Kot und Schleim. Auf diese Weise behält der Gang auch bei häufigen Auf- und Abstiegen den optimalen Durchmesser. Diesen passt der Wurm fortwährend an seinen eigenen Körperumfang an, denn nur so ist ein bestmöglicher Halt seiner Borsten im Gang garantiert, was im Notfall lebensrettend für ihn sein kann. Nach überstandener Sommer- oder Winterruhe – wenn der Wurm sichtlich abgenommen hat – muss besonders dick nachtapeziert werden.

Können Regenwürmer ertrinken?

Regenwürmer besitzen keine Lungen, sondern nehmen den zum Leben notwenigen Sauerstoff über den Feuchtigkeitsfilm der Haut auf (siehe Seite 54). Daher können sie nicht ertrinken. Kommen sie mit Wasser in Kontakt, reicht ihnen der im Wasser gelöste Sauerstoff zum Leben. Sie können monatelang unter Wasser leben – es gibt sogar Arten wie den Roten Rindenwurm, die einen Großteil ihrer Zeit im nassen Boden oder Wasser verbringen. Selbst wenn der Sauerstoff im Wasser knapp wird, schadet dies den Würmern nicht, weil sie über ihre Verdauung notfalls freien Sauerstoff bilden und sich damit selbst versorgen können.

Blutkreislauf und Atmung

Wie beim Menschen ist das Blut des Regenwurms rot gefärbt. Es enthält einen Blutfarbstoff, der unserem Hämoglobin recht ähnlich ist und wie beim Menschen den Transport des Sauerstoffs übernimmt.

Das Blut fließt im dicken Rückengefäß vom hinteren Ende des Regenwurms in Richtung Kopf und in zwei größeren Bauchgefäßen wieder zum Körperende zurück. An beiden Bauchgefäßen entspringt in jedem Segment jeweils eine seitliche Ader, in der das Blut zum Rückengefäß geleitet wird. Diese beiden seitlichen Adern haben unterschiedliche Funktionen. Die eine der beiden umspinnt mit ihrem feinen, kapillaren Netz die inneren Organe und versorgt sie mit Sauerstoff, während das kapillare Netz der anderen Ader die Haut des Regenwurms durchzieht und dort mit Sauerstoff beladen wird. Dies kann nur funktionieren, wenn die Haut feucht ist und sich der Sauerstoff der Luft im Feuchtigkeitsfilm der Haut löst. Das sauerstoffärmere und das über die Hautatmung mit Sauerstoff angereicherte Blut mischen sich im Rückengefäß. Somit ist keine der drei großen Längsgefäße mit einer menschlichen Arterie oder Vene vergleichbar. Man spricht in solch einem Fall von einem gemischten Blutkreislauf.

Der Motor, der den Blutstrom in Bewegung hält, befindet sich in den vorderen Segmenten. Gleich fünf Paar sogenannter Lateralherzen, pro Segment eines, die um die Speiseröhre herum nach unten verlaufen, verbinden dort das Rückengefäß mit den beiden Bauchgefäßen. Mit ihren muskulösen Wänden pumpen sie das Blut vom Rückengefäß in die Bauchgefäße. Ventilklappen sorgen dafür, dass das Blut dabei in die richtige Richtung strömt.

Warum kommen Regenwürmer aus ihren Röhren, wenn es regnet?

Bisher gibt es noch keine Erklärung für das Phänomen, warum Regenwürmer aus ihren Röhren kommen, wenn es regnet. Sicher nicht richtig ist die Annahme, Regenwürmer kämen aus Atemnot aus ihren überfluteten Röhren, denn die Tiere können nicht ersticken (siehe auch Seite 54). Hin und wieder wird vorgetragen, sie kämen nach oben, um sich in den Pfützen einmal gründlich zu waschen – auch das ist eher fragwürdig.

Heftige Regenfälle scheinen für Regenwürmer eher der willkommene Anlass für ausgiebige Wanderungen zu sein. Die dabei zurückgelegten Entfernungen sind jedoch zu gering, um darin eine echte Ausbreitungsstrategie zu sehen. Hinzu kommt auch, dass diese Wanderungen nicht zielgerichtet verlaufen. Experimentell in regenwurmfreien Gebieten ausgesetzt, geht die Ausbreitung sehr langsam: Mehr als 5 Meter pro Jahr schaffen die wenigsten Arten. So dringt der Gewöhnliche Regenwurm mit einer Geschwindigkeit von 4 Metern pro Jahr in Neuland vor. Der Rote Laubwurm erweist sich mit bis zu 14 Metern pro Jahr dagegen schon als echter Raser.

Auch wenn es aus eigener Kraft nur langsam vorangeht, bedeutet dies nicht, dass Regenwürmern geeignete Lebensräume lange unzugänglich bleiben müssen. Der passive Transport mit Hilfe von Tieren scheint wesentlich rascher vor sich zu gehen als die eigene Fortbewegung. So soll die zügige Besiedlung neu entstandener Polder in den Niederlanden durch Regenwürmer mit Hilfe von Vögeln gelungen sein, die die Regenwürmer als Beute aufgenommen und im Schnabel davongetragen haben. Dabei passierte einigen Vögeln ein Malheur: Sie verloren ganze Würmer oder Teile derselben im Flug und trugen so zur Besiedelung bei. Auch an Traktorreifen haftende Erdklumpen mit darin befindlichen Regenwürmern oder Regenwurmkokons, die während der Fahrt abfallen, tragen in nicht unbedeutendem Maß zur Verbreitung bei. Noch effektiver sind weitere Arten der passiven Verbreitung insbesondere der Regenwurmkokons. Die Kokons sind leicht und verfangen sich im Fell oder im Gefieder von Tieren. Auch in den Fluten über die Ufer getretener Bäche und Flüsse verdriften Regenwürmer und ihre Kokons. Weit über 90 Prozent der Kokons erleiden bei solch einem Transport keinerlei Schaden.

Fressen und Verdauen

Das größte Körperorgan dient wie beim Menschen auch beim Wurm der Nahrungsverarbeitung.

Regenwürmer fressen organische Bestandteile der Bodenstreu wie sich zersetzendes Pflanzengewebe (zum Beispiel Blätter, Wurzeln), tierische Reste, Kot (der Kot von Asseln ist sehr begeht), Leichenteile oder frische Pflänzchen (zum Beispiel Salat). Da diese organischen Reste stets von Pilzen, Bakterien und Einzellern besiedelt sind, werden diese mitgefressen. Manche Bakterien und die Dauerstadien anderer Kleinstorganismen (Sporen, Zysten) überstehen die Passage durch den Regenwurmdarm und können auf diese Weise verbreitet werden.

Zusammen mit den organischen Bestandteilen der Bodenstreu nehmen Regenwürmer auch anorganische Partikel wie Sandkörner und Tone auf.

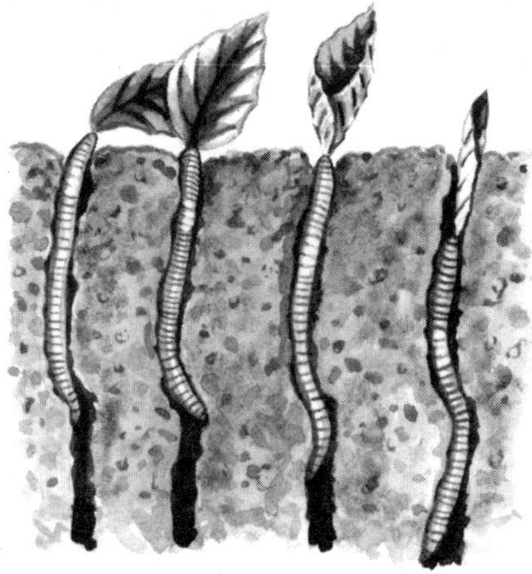

Geschickt fasst der Regenwurm mit seinem Kopflappen ein loses Blatt und zieht es rückwärts in seine Wohnröhre, um es dort zu verspeisen.

Mund und After

Vorne an der äußersten Spitze liegt der Mund, mit dem der Wurm Unmengen sandiger und erdiger Nahrung in sich hineinschaufelt. Die Mundöffnung ist nach unten gerichtet und oben von einem muskulösen Kopflappen bedeckt. Dieser bildet ein Universalwerkzeug, das noch weitaus präziser verformt werden kann als die menschliche Zunge und vom Regenwurm vor allem zum Greifen und Graben eingesetzt wird. In gewisser Weise ähnelt es dem Finger am Rüssel eines Elefanten. Fest zupacken muss der Wurm immer dann, wenn er nachts in der Umgebung seiner Wohnröhre ein leckeres Blatt entdeckt hat. Da Regenwurmarten, die ihre Nahrung außerhalb ihrer Röhren auf dem Boden suchen wie der Gewöhnliche Regenwurm, grundsätzlich nur in ihren Wohnröhren speisen, müssen sie diese sperrigen Teile mit großer Anstrengung in ihre engen

Wohnröhren ziehen. Starke Muskeln ermöglichen ihnen den dafür erforderlichen festen Griff, während die Borstenpaare an der Körperaußenseite für den nötigen Halt sorgen. Haben sie es endlich geschafft, befinden sich die Blätter in der Tiefe der Wohnröhre. Dort kann die Mahlzeit beginnen. Auch dabei hilft der Kopflappen, indem er das Blatt ergreift und nach und nach in die Mundöffnung schiebt.

Das erfordert zwar nicht ganz so große Kräfte wie das Hineinziehen des Blattes in den Bau, kann aber nur gelingen, weil der Kopflappen fast so beweglich ist wie eine Hand. Beim Graben arbeitet er wie ein Spaltkeil, indem er sich lang und spitz macht und sich möglichst weit in eine Erdspalte schiebt. Dann zieht er sich zusammen und presst die Wände dadurch so weit auseinander, dass der Körper Stück für Stück nachfolgen kann. Der Kopflappen ist ein erstaunliches, vielseitiges Werkzeug, das bei jeder Regenwurmart den unterschiedlichen Anforderungen entsprechend etwas anders ausgebildet ist. Dem Biologen verraten Form und Größe des Kopflappens einiges über die Lebensweise eines Wurms und helfen ihm, die verschiedenen Wurmarten auseinanderzuhalten.

Am anderen Ende seines Körpers befindet sich der After, aus dem ständig krümeliger, fruchtbarer Wurmhumus austritt, wenn sich der Wurm durch den Boden frisst.

Das Verdauungssystem

Alles, was zwischen diesen beiden Öffnungen liegt, dient der Verdauung. Es ist ein Kanal, der in seinem Verlauf unterschiedliche Gestalt und Dicke annimmt und in einzelne funktionale Abschnitte gegliedert ist. Diese werden in Analogie zum Verdauungssystem des Menschen unter anderem als Speiseröhre, Magen und Darm bezeichnet. Diese Organe nehmen den größten Raum im Körper eines Wurmes ein.

Am besten lassen sich die einzelnen Teile des Verdauungssystems verständlich machen, indem man den Weg der Nahrung von der Aufnahme bis zum Ausscheiden der unverdaulichen Reste genauer verfolgt.

Nachdem der aus Sand und verwelkten Pflanzenresten bestehende Nahrungsbrocken als Ganzes verschluckt wurde, gelangt er zuerst in den leicht verdickten Schlund. Dessen muskulöse Wand zerquetscht den Nahrungsbrocken durch abwechselndes Zusammenziehen und Erschlaffen und walkt ihn ordentlich durch. Schließlich muss die Nahrung in die richtige Form gebracht werden, damit sie sich auf dem weiteren Weg nicht verkantet oder gar stecken bleibt. Der trockene Klumpen wird außerdem angefeuchtet und eingeschleimt, damit er besser durch den Darm gleitet. Darüber hinaus werden Eiweiß verdauende Enzyme eingearbeitet, die bereits die ersten Nährstoffe aufschließen. Von manchen Wissenschaftlern wird dieser erste Abschnitt des Verdauungskanals daher als Drüsenmagen bezeichnet.

Über die schlanke Speiseröhre gleitet der nun deutlich handlicher gewordene Nahrungsbrocken weiter nach hinten, wo er die sogenannten Kalksäckchen passiert. Diese drei Paar weißen, reich durchbluteten Drüsen scheiden Kalk in Form von Kalziumkarbonat aus. Dieser wird in den Nahrungsbrei eingearbeitet und am Ende des Verdauungsweges mit dem Kot ausgeschieden. Welche Bedeutung die Kalkdrüsen darüber hinaus haben, ist noch nicht vollständig geklärt, sicher aber ist, dass die Kalkabsonderung den leicht sauren Nahrungsbrei neutralisiert, bevor dieser über den kugelförmig aufgeblähten Kropf den Muskelmagen erreicht. Dort zerkleinern unaufhörlich reibende und drückende Muskelwände die verbliebenen Blattstückchen, wobei die mit der Blattnahrung aufgenommenen Sandkörnchen wie Schleifpapier wirken.

Schließlich ist der Nahrungsbrocken so weit hergerichtet, dass er an den Mitteldarm übergeben werden kann. Dieser Darmabschnitt beginnt beim Gewöhnlichen Regenwurm etwa ab dem 19. Segment und bildet die eigentliche Nährstofffabrik, in der die Nahrung mit Hilfe von Enzymen verdaut und durch Entzug von Wasser zunehmend eingedickt wird. Die Darmwand enthält zahlreiche feine Blutgefäße, die mit dem mächtigen Rückengefäß oberhalb des Verdauungssystems verbunden sind. Dadurch werden zum einen der für die Verdauung erforderliche Sauerstoff an die Darmzellen herangeführt und zum anderen Kohlendioxid, Wasser und die aus der Nahrung gewonnenen Nährstoffe aufgenommen. Die Oberseite des Mitteldarmes ist tief eingesenkt, sodass das Darmrohr zu einem im Querschnitt sichelförmigen Spalt verengt ist. Diese Rinne, die als Typhlosis bezeichnet wird, ist mit besonders großen Zellen ausgestattet. Dies sind die Chloragogzellen, in denen die aus dem Darm aufgenommenen Nährstoffe, vor allem Fette und stickstoffhaltige Abbauprodukte, zwischengelagert werden. Diese Zellen sind auch an der Synthese der Energiespeicherform Glykogen beteiligt.

Der an den Mitteldarm anschließende Enddarm ist einfacher gebaut.

Endosymbionten

Im Innern des gesamten Darms werkeln zahlreiche Bakterien und Pilze (Actinomyceten) als Endosymbionten, also im Darm lebende Hilfsorganismen. Sie bauen zum Beispiel die aus Zellulose bestehenden Zellwände der gefressenen Pflanzenteile ab. Ohne diese Helfer könnte kein Regenwurm existieren, denn nur sie sind in der Lage, die äußerst schwer verdauliche Zellulose enzymatisch zu knacken und in für den Wurm verwertbare Nährstoffe umzuwandeln.

So leben im vorderen Abschnitt des Mitteldarms etwa 475 Millionen Bakterien und 26 Millionen Pilze, im hinteren Abschnitt des Mitteldarms 3,29 Milliarden Bakterien und 358 Millionen Pilze und im Enddarm sogar 44,07 Milliarden Bakterien und 1,5 Milliarden Pilze.

Da diese Bakterien und Pilze auch im umgebenden Erdreich vorhanden sind, ist ihre Bezeichnung als Endosymbionten wissenschaftlich nicht allgemein akzeptiert.

Ausscheidung

Am Ende des Verdauungsprozesses wird eine krümelige, kalkhaltige Masse ausgeschieden, die als Wurmhumus bezeichnet wird. Bildlich gesprochen, kann man den Regenwurm als ein großes, den Boden durchwanderndes Fließband bezeichnen, das vorne mit verwelktem Pflanzenmaterial gespeist wird und hinten beste Pflanzennahrung ausspuckt.

Bei den flach grabenden Regenwurmarten füllt der Wurmhumus das Innere der Nahrungsgänge, die von diesen Arten bei der Futtersuche gegraben werden. Diese Nahrungsgänge werden anschließend rasch von hineinwachsenden Pflanzenwurzeln durchzogen. Diese Gänge sind nicht mit einer Tapete aus Kot und Schleim ausgekleidet (siehe Seite 14), sondern mehr oder weniger locker mit Wurmhumus gefüllt.

Die Wohnröhren der tief grabenden Regenwurmarten sind dagegen sehr sorgfältig mit Kot und Schleim tapeziert. In der Regel wird mehr Kot produziert, als zum Tapezieren nötig ist. Dieser überschüssige Kot wird dann außerhalb der Röhren auf dem Boden abgesetzt, indem der Wurm sein Hinterende kurz aus der Röhre streckt.

Regenwürmer sind sehr schlechte Kostverwerter. Mehr als 90 Prozent des mit der Nahrung aufgenommenen Kohlenstoffs wird in Form von energiereichen Kohlenhydraten wieder ausgeschieden. Genaue Zahlen lassen sich im Labor mit schwach radioaktiv präpariertem Futter ermitteln. Durch Messen der Strahlung lässt sich dann feststellen, wie viel des aufgenommenen radioaktiv markierten Kohlenstoffisotops C14 in den Körper des Wurmes eingebaut und wie viel wieder ausgeschieden wurde. Beim Kleinen Wiesenwurm verblieben in einem Versuch gerade einmal 4 Prozent, beim Gewöhnlichen Regenwurm 8 Prozent im Körper. Der gesamte Rest geht als Wurmhumus zurück in den Boden, wo er besonders für Bakterien eine Festmahlzeit darstellt.

Der kalkhaltige Kot soll darüber hinaus die Entstehung der Kalziumhumate im Boden begünstigen und so zur Bildung der stabilen Ton-Humus-Komplexe beitragen, die dem Boden besonders günstige Eigenschaften verleihen (siehe auch Seite 101).

Wie fast alle Tiere produziert auch der Regenwurm flüssigen Abfall in Form von Harn beziehungsweise Harnstoff, der durch spezielle Ausscheidungsorgane nach außen abgegeben wird. Diese Ausscheidungsorgane sind die einzigen inneren Organe, die mit Ausnahme des ersten und letzten Segmentes in jedem Segment vorhanden sind. Sie liegen jeweils links und rechts des Darmes und stellen mehrfach gewundene Schläuche dar, die jeweils mit einem Flimmertrichter im vorangehenden Segment beginnen und seitlich an der Bauchseite nach außen münden.

Fortpflanzung

Alle Regenwürmer sind Männchen und Weibchen zugleich, also Zwitter. Sie besitzen sowohl männliche als auch weibliche Geschlechtsorgane, die während der Fortpflanzungszeit voll funktionsfähig sind. Bei der Paarung können sich die Partner daher gegenseitig begatten.

Obwohl Regenwürmer zwittrig sind, verhalten sie sich zunächst wie Männchen und tauschen bei der Paarung lediglich ihren Samen aus. Der Samen des Partners wird dann in speziellen Samenspeichern (den Receptacula seminis) gesammelt und bevorratet. Wenn die Eizellen später zu Eiern heranreifen, werden diese mit dem Samen aus den Speichern befruchtet.

Einige Arten wie der Eisens Zwergwurm besitzen auch die Fähigkeit zur Selbstbefruchtung. Sie nehmen dazu ihren eigenen Samen in ihre eigenen Samenspeicher auf. Diese Selbstbefruchtung konnte bisher auch nur unter Laborbedingungen festgestellt werden, als einzeln aufgezogene Würmer entwicklungsfähige Kokons produzierten. Bisher wurde nicht untersucht, welche Bedeutung die Fähigkeit zur Selbstbefruchtung für frei lebende Würmer haben könnte.

Geschlechtsorgane

Die Geschlechtsorgane liegen bei allen Regenwurmarten im Inneren verschiedener vorderer, nicht unbedingt aufeinanderfolgender Segmente, meist zwischen dem 9. und dem 14. Körperring – etwa in der Mitte zwischen Vorderende und Clitellum. Mit einer guten Lupe ist ihre Lage von außen in Form von acht feinen Poren – vier an jeder Seite des Bauches – auszumachen. Die genaue Lage der Poren – und auch ihre Zahl – ist bei den einzelnen Arten unterschiedlich und wird häufig als ein Merkmal zur Artbestimmung eines Wurmes genutzt.

Beim Gewöhnlichen Regenwurm liegen die vier vorderen Poren jeweils links und rechts der Bauchmitte zwischen den Ringen 9 und 10 sowie 10 und 11. Diese Poren sind die äußeren Öffnungen der vier im Inneren liegenden, recht kleinen Samenspeicher, die in jeweils einem dünnen Gang nach außen münden. Bei der Paarung nehmen diese Speicher den Samen des Partners auf. Die vier hinteren Poren bilden die Mündungen der weiblichen und männlichen Geschlechtsorgane. Beim Gewöhnlichen Regenwurm münden die beiden weiblichen Öffnungen im 14. Segment, die beiden männlichen, die von zwei lippenförmigen Wülsten umgeben sind, im dahinterliegenden 15. Segment.

Im Inneren offenbart sich in diesem Bereich eine sehr komplizierte Anatomie vor allem der männlichen Geschlechtsorgane, zu denen neben den Hoden – es können bis zu vier Hodenpaare vorhanden sein – noch drei Paar gelblich weiße, fast ein ganzes Segment ausfüllende Samenblasen – nicht zu verwechseln mit den Receptacula seminis – gehören.

Die männlichen Geschlechtsorgane befinden sich nicht an der Stelle, wo die Samenleiter nach außen münden, sondern überraschend weit vorne im 9. bis 13. Segment und somit noch vor dem Ovarienpaar, dem weiblichen Geschlechtsorgan, das im 13. Segment liegt und über je einen Eileiter im 14. Segment mündet. Noch bevor die männlichen Samenzellen ausgereift sind, verlassen sie die Hodenpaare und sammeln sich über Zwischenstationen in den Samenblasen, wo sie bis zur Paarung zwischengespeichert werden.

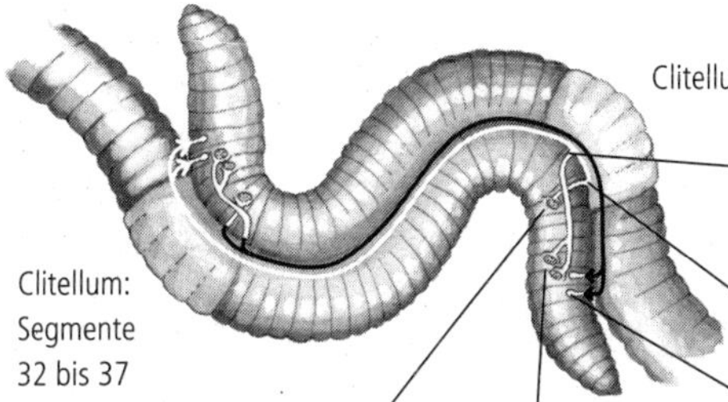

Zwei Regenwürmer bei der Paarung: Regenwürmer sind Zwitter, jeder Partner übermittelt dem jeweils anderen bei der Paarung seinen Samen. Zur Befruchtung der Eier beider Würmer kommt es erst nach der Paarung.

Paarung

Wie finden nun zwei paarungsbereite Regenwürmer zusammen? Zum einen entwickeln die Würmer während der Fortpflanzungszeit ein starkes Interesse an anderen Regenwürmern der gleichen Art, eine Verhaltensänderung, die in einer noch unbekannten Weise hormonell ausgelöst und gesteuert wird. Zum anderen belegen die Würmer ihre Kriechspuren in der Umgebung ihrer Wohnröhren mit einem Duft, der die Partner zur Paarung zusammenführt (siehe auch Seite 77). Regenwürmer sind insofern Einzelgänger, als dass immer nur ein Wurm eine Röhre bewohnt und niemals mehrere Würmer gleichzeitig denselben Bau nutzen. Ausnahmen sind solche Würmer, die sich im Boden paaren (endogäische Formen).

Das weitere Verhalten nachdem sich zwei Würmer gefunden haben, ist bei den einzelnen Arten so unterschiedlich, dass ein allgemeiner Ablauf nicht geschildert werden kann. So paaren sich manche Arten auf der Bodenoberfläche, andere innerhalb der Wohnröhre.

Beim Gewöhnlichen Regenwurm legen sich beide Partner mit ihren Bauchseiten so aneinander, dass jeweils der Kopf des einen Wurmes hinter dem Clitellum des anderen zu liegen kommt. Dann sondert jedes Clitellum große Mengen eines schleimigen Sekretes ab, das die beiden Körper umschließt. Diese werden dabei so fest aneinandergepresst, dass der Eindruck entsteht, sie würden sich gegenseitig strangulieren. Speziell geformte Borstenpaare an den Segmenten 6 bis 10, die kräftiger und weniger stark nach hinten gebogen sind, sorgen für zusätzlichen Halt. Dann formen beide Würmer mit ihren aneinandergeschmiegten Bauchseiten eine gemeinsame Röhre, die von den männlichen Geschlechtsöffnungen des einen Wurmes bis zu den Mündungen der Samenspeicher des anderen Wurmes reicht – und umgekehrt. In dieser Röhre wird das Sperma des einen Wurmes durch gleichsinnige peristaltische Bewegung der Hautmuskelschläuche beider Würmer zu den Samenspeichern des anderen Wurmes gedrückt und dort eingelagert – und umgekehrt. Dieser Vorgang kann sich über mehr als eine Stunde hinziehen.

So wie bei vielen anderen wirbellosen Tieren auch, ist das Sperma von einer Hülle oder mehreren kleinen Hüllen, die man Spermatophoren nennt, umgeben. Die Abgabe von Sperma in dieser Form stellt sicher, dass sich die Spermien der beiden Würmer nicht miteinander vermischen und jeder Wurm nur die Spermien des Partners in seine Samenspeicher aufnimmt. Dadurch wird eine Selbstbefruchtung vermieden. Nach der Paarung trennen sich die beiden Würmer, indem jeder rückwärts aus dem Schleimring herauskriecht.

Bemerkenswert ist bei der Paarung zum einen, dass beide Partner ausschließlich als Männchen auftreten, obwohl sie Zwitter sind. Dies bezeichnet man als protandrisch oder vormännlich. Eizellen beginnen erst zu reifen, wenn die Samenspeicher mit Spermien gefüllt sind. Dann werden die Regenwürmer anatomisch und physiologisch zu weiblichen Tieren. Zum anderen ist interessant, dass es bei der geschilderten Paarung nicht zur Befruchtung kommt. Zum Zeitpunkt der Paarung haben die Eierstöcke noch keine befruchtungsfähigen Eier produziert. Diese werden erst einige Zeit nach der Paarung in die Eileiter entlassen, wo sie nachreifen. Die Befruchtung der Eier erfolgt mitunter erst Wochen nach der Paarung mit dem Samenvorrat aus den Speichern.

Meist paaren sich die Regenwürmer erst dann wieder, wenn ihr Samenvorrat aufgebraucht ist. Das kann mehrmals im Jahr geschehen. Aber auch dies darf nicht verallgemeinert werden, da manche Arten jede Gelegenheit zur Paarung nutzen. Dies ist biologisch sinnvoll, da es die genetische Vielfalt in der nächsten Generation erhöht.

Eiablage

Zur Ablage der Eier produziert jeder Regenwurm mit Hilfe der Drüsenzellen des Clitellums abermals einen Schleimring, der nach dem Abstreifen zur Kinderstube wird. Die Eiablage ist ein Vorgang, den jeder Wurm ohne Hilfe eines Partners bewältigt. Im Folgenden wird sie am Beispiel des Gewöhnlichen Regenwurms beschrieben.

Nachdem sich der Schleimring am Clitellum gebildet hat, kriecht der Wurm rückwärts aus diesem heraus. Dabei passiert er zunächst die dem Clitellum am nächsten liegende Mündung der beiden Eileiter am 14. Segment. Bei den meisten einheimischen Regenwurmarten gleiten mehrere Eier in den vorbeiziehenden Schleimgürtel, doch nur eines von ihnen wird sich zu einem jungen Wurm weiterentwickeln. Die einzige Ausnahme ist hierzulande der Kompostwurm, bei dem regelmäßig mehrere Eier pro Kokon heranwachsen.

Fast alle Regenwürmer wachsen also als Einzelkinder heran. Sobald der Schleimgürtel die Öffnungen der Samenspeicher an den Segmenten 10 und 11 erreicht, tritt eine kleine Menge Sperma aus und erst in diesem Moment kommt es zur Befruchtung.

Der Schleimring wird über dem Kopfende des Wurmes abgestreift und schnurrt augenblicklich an den beiden offenen Enden zusammen. Nach dem Aushärten ist so ein fest verschlossener Kokon entstanden, in dem über ein sehr charakteristisches Larvenstadium der kleine Regenwurm heranwächst. Der Kokon hat die Form einer Zitrone und misst rund 5 Millimeter in der Länge und 4 Millimeter in der Breite. Im Verlauf der auf die Paarung folgenden Wochen werden auf diese Weise je nach Regenwurmart mehrere Kokons gebildet. Kurzzeitig einwirkende niedrige Temperaturen können die Kokons überleben, einen hierzulande normalen Winter aber nicht, wenn sie dem Frost ausgesetzt sind. In der Regel werden die Kokons jedoch an frostfreien Stellen abgelegt.

Die Zahl der Nachkommen ist dabei denkbar gering. Der Gewöhnliche Regenwurm produziert im Jahr durchschnittlich nur acht Kokons, aus denen jeweils ein, selten einmal zwei kleine Würmchen herauskriechen. Der Kompostwurm bringt es auf elf Kokons pro Jahr. Die Zahl seiner Nachkommen ist jedoch weitaus größer, da er als einzige einheimische Art regelmäßig fünf bis zehn Eier pro Kokon zur Entwicklung bringt.

Vom Ei zum Wurm

Es braucht unterschiedlich lange, bis die kleine Wurmlarve das Ei öffnet, weil ihre Entwicklung abhängig von der Umgebungstemperatur ist. Beim Kompostwurm, der es im Kompost mollig warm hat, dauert es nur drei Wochen, beim Gewöhnlichen Regenwurm kann es dagegen mehr als vier Monate dauern.

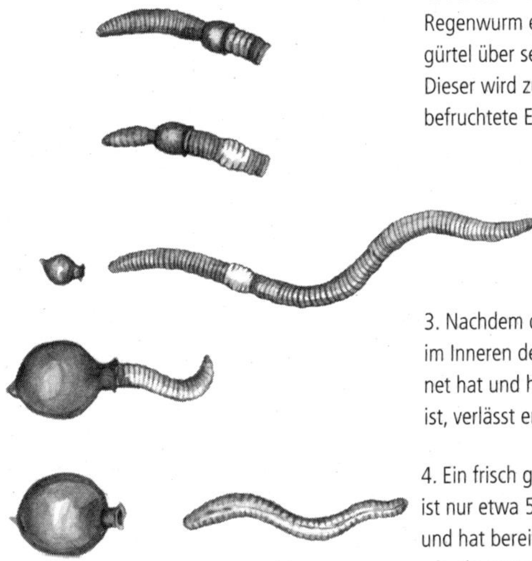

1. Bei der Eiablage streift der Regenwurm einen Schleimgürtel über sein Kopfende ab. Dieser wird zum Kokon für das befruchtete Ei.

2. Der Schleimgürtel zieht sich zu einem zitronenförmigen Eikokon zusammen.

3. Nachdem der Wurm sein Ei im Inneren des Kokons geöffnet hat und herangewachsen ist, verlässt er den Kokon.

4. Ein frisch geschlüpfter Wurm ist nur etwa 5 Millimeter lang und hat bereits so viele Ringe wie ein erwachsener Wurm.

Vom Ei zum Wurm

Nachdem die kleine Wurmlarve das Ei geöffnet hat, beginnt eine biologisch sehr spannende Phase, denn das Ei ist dotterarm und kann die Wurmlarve nicht ernähren. Diese ist auf die eiweißreiche Nahrung angewiesen, die sich in flüssiger Form im Kokon befindet. Da sich die Larve nicht fortbewegen kann, besitzt sie Wimpernstreifen, die diesen Nahrungsbrei in ihre Mundöffnung strudeln. Mit einfachen Schluckmuskeln wird dieser in den blind endenden Darm befördert, der sich daraufhin mächtig aufbläht. Durch Abschnüren kleiner Ringe entsteht aus der bewimperten Larve allmählich ein kleiner, in Segmente gegliederter Wurm, der das Ei nach und nach mit seinem Körper umwächst und es schließlich auflöst. Diese

Phase dauert beim Gewöhnlichen Regenwurm 10 Wochen, beim Kompostwurm 11 Wochen und bei anderen Arten bis zu 20 Wochen. Dann verlässt der Wurm den Kokon und beginnt sein eigenständiges Leben. Er ist zu diesem Zeitpunkt nur etwa 5 Millimeter lang. Beim Gewöhnlichen Regenwurm dauert es dann weitere 60 Wochen, beim Kompostwurm 66 Wochen und bei anderen Arten zwischen 38 und 74 Wochen, bis die Würmer erwachsen sind.

Die frisch geschlüpften Tiere besitzen bereits die volle Anzahl an Ringen. Regenwurmbabys sind demnach bereits »echte« Würmer, nur eben in Miniaturausgabe, wenn man davon absieht, dass sich die Kleinen noch nicht fortpflanzen können. Der Wurm wächst allein dadurch, dass jeder einzelne seiner vielen Ringe größer und dicker wird. Neue Ringe kommen nur dann dazu, wenn das Tier verletzt wurde und Teile seines Körpers nachbilden muss (siehe auch Seite 71).

Wenn ein kleiner Wurm mit einer geringeren Zahl an Segmenten aus seinem Kokon kriecht, hat er eine Verletzung erlitten. Beim Gewöhnlichen Regenwurm ist es im Gegenteil sogar so, dass sich im Alter die Zahl der Ringe allmählich etwas verringert. Der Grund hierfür ist folgender: Parasiten, die dem Regenwurm in seinem Inneren zu schaffen machen, werden zum Beispiel in die letzen Körpersegmente verschoben und zusammen mit diesen letzten Segmenten aktiv abgestoßen. In jungen Jahren und im besten Alter werden diese Segmente anschließend wieder in voller Anzahl regeneriert. Mit zunehmendem Alter – im Labor kann ein Regenwurm mehrere Jahre alt werden, im Freiland lebt er vermutlich zwei bis drei Jahre (dies wurde bisher allerdings noch nicht genau untersucht, sodass Angaben zur möglichen Lebensdauer von Freilandwürmern immer Schätzwerte sind) – verringert sich diese Regenerationsfähigkeit zunehmend.

Überlebt ein Regenwurm, wenn er durchgetrennt wird?

Wird ein Regenwurm zum Beispiel bei der Bodenbearbeitung durchgetrennt, bedeutet das für den erwachsenen Wurm noch nicht unbedingt das Ende. Allerdings stürzt jeder Regenwurm durch den Verlust eines Teils seines Körpers in eine ernste Krise. Wenn überhaupt, bleibt nur das vordere Ende am Leben. Es kann die fehlenden hinteren Teile nachbilden. Allerdings verringern sich die Chancen rapide, den Unfall zu überleben, je mehr fehlt.

Ein verletzter Regenwurm bringt sich zunächst in Sicherheit, entleert seinen Darm und harrt aus, bis die Wunde verschlossen ist und die verloren gegangenen Ringe wieder nachgewachsen sind. Dies dauert nur kurze Zeit – nach nur fünf Tagen sieht man ihm nicht mehr an, dass er verletzt war. So lange muss das Tier mit seinen Reserven auskommen. Die neuen Segmente werden wie Zugwaggons hinten angehängt, und zwar so lange, bis exakt die verloren gegangene Anzahl nachgebildet ist. Wie der Regenwurm erkennt, wie viele »Waggons« er anhängen muss, ist ein noch ungelöstes Rätsel für die Wissenschaft. Die neuen Segmente sind zunächst noch sehr viel dünner und kürzer, erreichen aber bald die volle Größe.

Dieses Regenerationsvermögen ist allerdings nicht bei allen Arten gleich gut ausgebildet. Der geschilderte Ablauf gilt für den Gewöhnlichen Regenwurm und andere anözische Arten. Bei den endogäischen Arten ist er bisher unerforscht. Bei den epigäischen Arten klappt die Regeneration nicht so gut: Verletzte Würmer haben wesentlich geringere Überlebenschancen, was auch daran liegt, dass sie sich aufgrund ihrer Lebensweise nicht in schützende Wohnröhren zurückziehen können.

Ein Regenwurm in den besten Jahren hat bei unserer häufigsten Art demnach mehr Segmente als ein seniler Artgenosse. Das Alter lässt sich allerdings nicht durch einfaches Zählen der Segmente ermitteln, denn genauso wenig wie ein Marienkäfer jeden Monat einen Punkt dazubekommt, geht bei einem Regenwurm regelmäßig ein Ring verloren.

Nervensystem

Das Nervensystem des Regenwurms besteht im Wesentlichen aus zwei Nervensträngen, die in geringem Abstand zueinander an der Bauchseite verlaufen. In jedem Segment schwellen sie zu je einem undeutlich abgesetzten Knoten an. Beide Knoten stehen durch dicke Nervenstränge miteinander in Verbindung. In seiner Gesamtheit ähnelt das Ganze entfernt einer Strickleiter und wird daher als Strickleiternervensystem bezeichnet.

Beim Regenwurm ist dieses Strickleiternervensystem von vorne bis hinten deutlich zu erkennen. Das unterscheidet ihn von den entfernter mit ihm verwandten Insekten, bei denen die meisten Körperfunktionen von einem größeren Gehirn im Bereich des Kopfes zentral gesteuert werden. Die Strickleiterform ist bei Insekten meist nur noch im Bereich des Brustabschnittes und in den ersten Segmenten des Hinterleibes erkennbar.

Auch beim Regenwurm gibt es so etwas wie eine übergeordnete Schaltzentrale. Diese besteht aus einem Unterschlund- und einem Cerebralganglion (ein Ganglion ist ein Nervenknoten mit Schaltfunktion), die etwa im Bereich des Kropfes liegen. Alle weiteren Segmente sind mit dem typischen Strickleiternervensystem ausgestattet.

Absender/in:

....

....

....

....

....

Außerdem bei uns im Programm:
Wolf Richard Günzel
Lebensräume schaffen
Wildtiere in Haus und Garten
ISBN: 978-3-89566-225-6
überall, wo es Bücher gibt

Bitte ausreichend frankieren!

Antwort

pala-verlag

Postfach 11 11 22

64226 Darmstadt

- Ich habe diese Karte folgendem Buch entnommen:

....

Anregungen / Meinungen / Kritik:

....

....

....

....

....

....

....

....

❐ Schicken Sie mir bitte kostenlos Informationen über Ihr Gesamtprogramm

❐ Schicken Sie mir auch aktuelle Informationen per E-Mail (max. 3- bis 4-mal pro Jahr):

Meine E-Mail-Adresse: ....@ ....

Können sich Regenwürmer unterhalten?
Immer wieder wird über Lautäußerungen von Regenwürmern berichtet. Sogar regelrechte Unterhaltungen sollen sie in ihrer dunklen Umgebung führen. Und natürlich hat es nicht an Versuchen gefehlt, ein den Tonfolgen zugrunde liegendes Sprachsystem zu suchen. Was ist dran an der Geschichte von den »singenden Mädchen«, wie Regenwürmer in Korea aus diesem Grunde auch genannt werden?

Da Regenwürmer nachweislich kein Gehör besitzen und daher von alledem selbst nichts mitbekommen, müssen die tatsächlich deutlich vernehmbaren Töne einen anderen Grund haben. Inzwischen weiß man, dass sie von Luftblasen gebildet werden, die zufällig entstehen, wenn die Regenwürmer eilig durch ihr feuchtes Gangsystem kriechen.

Sinnesorgane

Augen wie eine Raupe oder Fühler wie eine Schnecke hat ein Regenwurm nicht. Selbst bei genauer Betrachtung sind keine Sinnesorgane am Körper des Wurmes zu erkennen. Das bedeutet jedoch nicht, dass ein Regenwurm nichts sieht, nichts fühlt und nichts schmeckt. Wer sich schon einmal des Nachts mit einer Taschenlampe auf die Suche nach Regenwürmern begeben hat, weiß, wie empfindlich die halb aus ihren Röhren hervorgekrochenen Tiere reagieren. Es genügt schon, den Fuß einmal etwas unvorsichtig aufzusetzen, um sie zur sofortigen Flucht zu veranlassen. Mit einer Geschwindigkeit, die man ihnen nicht zugetraut hätte, ziehen sie sich dann wieder in ihre Wohnröhren zurück.

Substratschall und Tastsinn

Die Sinneszellen, mit denen ein Regenwurm unser Kommen bemerkt, reagieren auf mechanischen Druck, der im Boden beispielsweise durch festes Auftreten entsteht. Das Tier registriert schon feinste Vibrationen. Das ist für den Regenwurm unter Umständen lebenswichtig, denn so spürt er, wenn sich ein hungriger Maulwurf durch das Erdreich gräbt und allmählich näherkommt. Oft gelingt dem Wurm dann noch die Flucht in tiefer gelegene Abschnitte seiner Wohnröhre.

Immer stehen mehrere dieser Sinneszellen in Gruppen beisammen und bilden mehrere Organe zur Wahrnehmung dieses sogenannten Substratschalls. Diese Organe sind auf der Oberfläche des gesamten Wurmkörpers verteilt. Für durch die Luft übertragene Schallwellen, wie sie ein Mensch mit seinen Ohren hört, ist der Regenwurm taub: So lösen Pfeifen, Rufen und andere noch so laute Töne keine Reaktionen seitens des Tieres aus.

Dieselben Sinneszellen, mit denen Regenwürmer das Kommen eines Maulwurfs bemerken, schlagen auch Alarm, wenn der Wurm angefasst wird. Das mag er ganz und gar nicht. Er fühlt sich nur sicher, wenn ihm sein Tastsinn vermittelt, dass sein Körper von Substrat umgeben ist. In der Regel befindet sich das Tier dann nämlich in seiner behaglichen Wohnröhre im Boden.

Sehsinn

Sehr empfindlich reagieren Regenwürmer, wenn sie vom Lichtkegel einer starken Taschenlampe getroffen werden. Die lichtempfindlichen Hautzellen konzentrieren sich auf den vorderen Bereich des Körpers, besonders zahlreich sind sie auf dem Mundsegment vertreten. Auch das letzte Segment ist lichtempfindlich. Auf den übrigen Körpersegmenten sind diese Sinneszellen nur in geringer Anzahl vorhanden. Mit diesen sehr einfachen »Augen« kann der Regenwurm keine Bilder wahrnehmen. Es reicht für sein Leben, Hell und Dunkel zu unterscheiden. So erkennt er die beginnende Morgendämmerung rechtzeitig und kann sich wieder in seinen dunklen Bau zurückziehen. Die größte Empfindlichkeit erreicht sein Sehsinn bei blauem Licht, während er rotes Licht überhaupt nicht erkennen kann.

Vieles deutet darauf hin, dass die Meldungen vieler Lichtsinneszellen im Cerebralganglion des Regenwurms gesammelt und verarbeitet werden. Von diesem übergeordneten Nervenknoten geht dann der Impuls aus, in die Wohnröhre zurückzukehren.

Geschmackssinn und Geruchssinn

Schon der britische Naturforscher Charles Darwin hat 1881 über den Geschmackssinn der Regenwürmer berichtet. In späteren Untersuchungen erwiesen sich die Tiere als echte Feinschmecker. So kann der Regenwurm zum Beispiel den Stiel eines Blattes von dessen Spreite unterscheiden. Ein Blatt wird dabei immer an seiner größten Spitze gepackt. In der Regel ist das diejenige Stelle, die dem Stiel gegenüberliegt. Vermutlich ist es für den Wurm so am einfachsten, das sperrige Blatt in seine enge Röhre zu ziehen.

Ist es der Geschmackssinn, der ihn dabei leitet? Vermutlich nicht ausschließlich, denn bei einem entsprechend zugeschnittenen Papier sucht er sich ebenfalls das spitzeste Ende aus. Aber auch der Tastsinn allein kann ihn nicht leiten. Wird nämlich ein Lindenblatt so beschnitten, dass es kreisrund ist, findet er dennoch die Stelle, wo die längste Spitze einmal gewesen ist.

Regenwürmer prüfen jeden Pflanzenrest sehr sorgfältig auf Geschmack und Bekömmlichkeit. Die Vorlieben für bestimmte

Pflanzenreste, die bei Labortests in eine Beliebtheitsskala von »sehr gerne« bis »geht gar nicht« münden, beruhen immer auf einer chemosensorischen Prüfung des Pflanzenrestes durch den Regenwurm. Die hierfür nötigen Geschmacksknospen befinden sich am Kopflappen und in der Mundhöhle des Tieres (siehe auch Seite 57). Regenwürmer können die Geschmacksqualitäten Süß, Sauer und Bitter unterscheiden.

Auch wenn viele Regenwürmer Zucker in Form von Glukose oder Saccharose ganz gerne mögen, dient der Geschmackssinn eher dazu, Unverdauliches, Unbekömmliches oder gar Giftiges zu meiden. Das lässt sich daraus schließen, dass bestimmte Pflanzenreste gefressen werden, sobald natürlicherweise vorhandene »Geht-gar-nicht-Stoffe« entweder im Labor ausgewaschen oder in der Natur durch andere Organismen unter eine maximale Erträglichkeitsgrenze gebracht worden sind.

Zu den »Geht-gar-nicht-Stoffen« gehören Fruchtsäuren wie die in Pflanzen häufig vorkommende Zitronen-, Apfel- oder Oxalsäure sowie Bitter- und Gerbstoffe, die im Laub und in der Rinde von Pflanzen eingelagert sind (siehe auch ab Seite 149). Vor allem der Gehalt an Gerbstoffen entscheidet darüber, ob ein Blatt gefressen oder links liegen gelassen wird. Auch Rückstände von Pflanzenschutzmitteln können Regenwürmern den Appetit verderben. Im Labor wurde ermittelt, dass die Tiere dabei auf eine Vielzahl unterschiedlicher Chemikalien empfindlich reagieren. Darunter sind nicht nur Spritzmittel, sondern auch solche, die mit verunreinigtem Flusswasser und Klärschlämmen in den Boden gebracht werden. Allerdings sind die Geschmäcker, oder besser die Toleranzschwellen, bei den einzelnen Regenwurmarten verschieden.

Besonders gerne mögen Regenwürmer zum Beispiel Blätter von Ulme, Esche oder Salat (siehe auch Seite 149). Auch die Nähe von Baldrianpflanzen scheint ihnen zu behagen.

Über den gesamten Körper verteilt gibt es in der Haut weitere chemische Sinneszellen. Diese reagieren ausschließlich auf die Geschmacksrichtung Sauer. Mit ihrer Hilfe erkennen Regenwürmer den pH-Wert des Bodens. Die Tiere fühlen sich in neutralen oder basenreichen Böden am wohlsten. In sauren Böden können sie dagegen nicht auf Dauer leben und wandern ab. Doch auch in dieser Hinsicht gibt es je nach Art unterschiedliche Bedürfnisse. Der Große Wiesenwurm hält es unter einem pH-Wert von 4,5 nicht mehr aus, der Gewöhnliche Regenwurm verzieht sich, wenn der pH-Wert des Bodens unter 4,1 sinkt. Der Rote Laubfresser, der es oft mit Huminsäuren zu tun hat, flüchtet dagegen erst bei einem pH-Wert unter 3,8.

Der chemische Sinn, der Riechen und Schmecken ermöglicht, sagt unseren Regenwürmern auch, wo es für sie lang geht, wenn sie auf Nahrungssuche sind. Schon länger ist bekannt, dass die Schleimspuren, die kriechende Regenwürmer auf dem Boden hinterlassen, für sie selbst und für ihre Kollegen sehr informativ sind. Diese Wegmarken sind offensichtlich individuell verschieden, sodass jeder Wurm erkennen kann, ob eine frische Spur von ihm selbst oder von einem Artgenossen stammt. So führen diese Spuren zum Beispiel paarungswillige Würmer zusammen. Sie zeigen außerdem an, dass ein Gangsystem bewohnt ist und daher nicht von einem auf Wohnungssuche umherstreifenden Jungwurm bezogen werden kann. Verwaiste Wohnröhren werden dagegen von einigen anözischen Arten wie dem Gewöhnlichen Regenwurm gerne angenommen, weil es ihnen einige Wochen Arbeit ersparen kann. Der Erzeuger der Spur findet auch nach längeren Exkursionen auf der eigenen Spur in seinen Bau zurück.

Eine anziehende Wirkung der eigenen Duftspur ist allerdings nur bei denjenigen Arten gegeben, die wie der Gewöhnliche Regenwurm eine tief ins Erdreich führende Wohnröhre für längere Zeit als Eigenheim beziehen. Der Bau einer solchen Röhre ist so aufwendig, dass das Wiederfinden der eigenen Behausung für Tiefgräber ein großer Vorteil ist. Auch andere tief grabende Regenwurmarten verfolgen diese Strategie.

Anders stellt sich die Situation für die flach grabenden Arten dar. Sie benötigen keinen festen Bau, stattdessen fressen sie sich »einfach« so durch die obersten humusreichen Bodenschichten. Auch sie ziehen ihre Duftspuren durch das Erdreich, allerdings mit gegenteiliger Bedeutung. Für sie wäre es alles andere als ein Glücksfall, auf der eigenen Spur zurückzuwandern. Sie würden dann einen von ihnen bereits abgegrasten Weg nochmals nach Nahrung durchmustern und dabei vermutlich nicht satt werden. Daher weichen sie bei der Suche nach Nahrung vor den eigenen Duftmarken zurück.

Überwinterung und Sommerpause

Regenwürmer können mehrere Jahre alt werden. Unter guten Bedingungen in menschlicher Obhut wurde ein Großer Wiesenwurm sogar zehn Jahre und drei Monate alt. Dies ist allerdings eine extreme Lebensspanne, die im natürlichen Lebensraum kaum erreicht wird. Feinde, Krankheiten und widrige Bedingungen führen das vorzeitige Ende eines Regenwurms herbei.

Wie übersteht ein Regenwurm den Winter und Trockenzeiten im Sommer?

Am Ende ihrer Gänge finden tief grabende Regenwürmer während der Wintermonate ausreichend Schutz vor dem Frost. Auch längere Trockenzeiten während des Sommers verbringen sie in einer Art Sommerlethargie in der Tiefe. Hierfür legen sie am Ende ihrer Röhren kleine Höhlen, in denen sie sich zu kompakten Knäueln rollen und »verknoten« . Die Höhlen werden zusätzlich mit Kot und Schleim abgedichtet. Während der Ruhezeiten stellen die Würmer die Nahrungsaufnahme ein und zehren von ihren körpereigenen Vorräten.

Die Ruhezeit kann in drei unterschiedlichen Formen ablaufen: als einfache Ruhezeit, als sogenannte fakultative Diapause oder als obligatorische Diapause.

Die einfache Ruhezeit ist eine Antwort auf ungute Lebensverhältnisse wie Trockenheit oder Kälte. Sobald sich die Bedingungen bessern, endet diese Zeit der Ruhe. Die einfache Ruhezeit ist charakteristisch für den Gewöhnlichen Regenwurm oder den Rötlichen Regenwurm.

Die fakultative Diapause ähnelt im Prinzip der einfachen Ruhezeit, nur dass sie nicht mit einem äußeren Weckruf durch besser werdende Verhältnisse endet, sondern stets eine bestimmte Mindestzeit dauert, die als »kritische Zeit« bezeichnet wird und von Art zu Art unterschiedlich ist. Beim Kleinen Wiesenwurm und beim Kompostwurm kann diese Ruhezeit von Mai bis August dauern.

Die obligatorische Diapause ist unabhängig von äußeren Umständen. Sie scheint hormonell gesteuert zu sein. So fallen der Große Wiesenwurm und der Nächtliche Ackerwurm im Mai in eine Ruhepause. Im September oder Oktober wachen sie wieder auf, ohne dass äußere Umstände in irgendeiner Weise eingewirkt hätten.

Auch die flach grabenden Würmer versuchen bei Kälte und Trockenheit in tiefere Schichten vorzudringen, oder sie

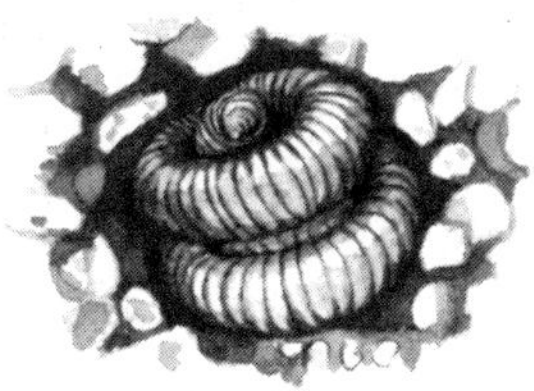

Schützend zusammengerollt verschläft der Regenwurm ungünstige Zeiten.

suchen Schutz in Moospolstern. Da hierbei mitunter mehrere Würmer unabhängig voneinander die gleiche Idee haben, findet man an geeigneten Orten manchmal mehrere Würmer beisammen.

In der Taiga Nordeuropas und -asiens, deren Boden auch von Regenwürmern besiedelt wird, ziehen sich diese in der kalten Jahreszeit, wenn die Temperaturen mitunter dauerhaft deutlich unter minus 40 Grad fallen, mehr als 8 Meter tief in das Erdreich zurück. Vor dem Frost in die Tiefe des Bodens zu flüchten, ist für Regenwürmer die einzige Chance, den Winter heil zu überstehen. Derart tief reichende Gänge zu graben, ist eine enorme körperliche Leistung. Sie zeigt, dass dem Regenwurm sein so schwächlich wirkende Körper auch unter klimatischen Extrembedingungen sehr erfolgreich das Überleben sichert.

Samtiger Regenwurmjäger im Garten: der Maulwurf

Feinde und Krankheiten

Groß ist die Zahl der Tiere, für die ein Regenwurm ein Leckerbissen ist. Ernährungsphysiologisch betrachtet, ist der Regenwurm mit seinem muskulösen Körper eine sehr eiweißreiche Nahrungsquelle. Wegen seiner unterirdischen Lebensweise, oftmals verbunden mit tief reichenden Röhren, in die er sich bei Gefahr sehr schnell zurückziehen kann, ist es allerdings nicht einfach, einen Regenwurm zu erbeuten. So gibt es kaum eine Tierart, die sich allein auf Regenwürmer als Nahrungsquelle spezialisiert hat. Regenwürmer sind meist nur eine willkommene Abwechslung auf dem Speiseplan anderer Tiere.

Am ehesten lässt sich noch der Maulwurf als Regenwurmjäger bezeichnen. Als naher Verwandter von Igel und Spitzmaus mag er Pflanzenkost überhaupt nicht. Stattdessen ernährt er sich der Familientradition der Insektenfresser gemäß von Insekten, deren bodenlebenden Larven und von Würmern. Darüber hinaus verschmäht er auch junge Mäuse nicht, wenn er bei seinen unterirdischen Beutezügen auf ein Mäusenest stößt. Auch Regenwürmer stehen auf seinem Speiseplan, allerdings erwischt er sie nicht immer, denn ein Regenwurm flüchtet beim Nahen eines Maulwurfes meist sofort an das Ende seines mitunter metertief in den Boden führenden Ganges. Regenwürmer haben einen feinen Erschütterungssinn und nehmen einen grabenden Maulwurf schon frühzeitig wahr.

Dennoch werden zahlreiche Regenwürmer zur Beute eines Maulwurfs. Die meisten Würmer landen hierbei als lebender Vorrat in dessen Speisekammer. Damit die Gefangenen nicht entkommen, zerbeißt der Maulwurf die ersten drei bis fünf Segmente ihrer Vorderenden, sodass die Würmer gelähmt sind. Die auf diese Weise angelegten Nahrungsvorräte können beachtlich sein. Bis zu 470 immobilisierte, aber noch lebende

Regenwürmer mit einem Gesamtgewicht von 820 Gramm kann eine einzige, gut gefüllte Speisekammer enthalten. Dennoch wird ein Maulwurf niemals zur Gefahr für die Gesamtheit der Regenwürmer in seinem Revier.

Reich gedeckt ist der Tisch außerdem für viele Vögel, wenn die Regenwürmer bei nassem Wetter ihre Gänge verlassen und auf der Erde herumkriechen. Amseln, Stare, Möwen, Krähen oder Bussarde nutzen die günstige Gelegenheit gerne für eine bekömmliche Zwischenmalzeit. Auch für Füchse, Igel, Dachse und selbst Wildschweine sind Regenwürmer willkommene Delikatessen. Viele Vögel lernen zudem schnell, dass ein frisch umgegrabenes Beet oftmals noch den einen oder anderen Leckerbissen bereithält. Besonders dreiste Vögel, meist Amseln, stürzen sich bereits auf die begehrten Würmer, wenn die Arbeiten noch in vollem Gange sind. Auch pflügende Landmaschinen ziehen meist eine Schleppe Vögel hinter sich her.

Zahlreich ist auch die Zahl an Innenparasiten bei Regenwürmern. Mit Ausnahme von Viren, die bei ihnen bisher noch nicht nachgewiesen wurden, kommt im Körper eines Regenwurms so ziemlich alles vor, was im Reich der Parasiten Rang und Namen hat. Vor allem einzellige Organismen können im Darm, im Blut, in den Geschlechtsorganen und anderen Stellen im Körper vorhanden sein. Dabei ist noch wenig darüber bekannt, ob und in welcher Weise sie die Gesundheit, die Fortpflanzung oder das Wachstum der von ihnen befallenen Würmer beeinträchtigen. Interessant ist die Beobachtung polnischer Wissenschaftler, dass Regenwürmer, die an viel befahrenen Straßen oder in Böden mit hoher Schwermetallbelastung leben, deutlich mehr von Parasiten befallen werden. Gleiches gilt auch für Böden mit hoher Herbizidbelastung. Es sieht ganz so aus, als seien die Würmer in verschmutzten Böden geschwächt und könnten sich weniger gut gegen Parasiten wehren.

Dass Regenwürmer die Fähigkeit besitzen, sich selbst von Infektionen zu heilen, ist schon länger bekannt. Der Weg, die Parasiten loszuwerden, ist dabei denkbar einfach: Sie werden in den hintersten Körpersegmenten des Wurmes gesammelt, die dann einfach mitsamt der Parasiten abgeworfen werden. Anschließend wird das verloren gegangene Hinterende regeneriert.

Verwandte des Regenwurms

Die größten Verwandten unserer einheimischen Regenwürmer leben in Australien: Megascolides australis, der größte bekannte Wenigborster der Erde, erreicht eine Länge von sage und schreibe 3 Metern bei einem Körperdurchmesser von gut 30 Zentimetern. Diese Würmer mit Körpermaßen einer kleinen Anakonda wurden 1878 von Frederic McCoy in Gippsland im Bundesstaat Victoria entdeckt und wissenschaftlich beschrieben. Ihr Lebensraum ist ein 40 000 Hektar großes Sumpfgebiet. Dort kommen sie nur an den Ufern des Bass River vor. Es ist naheliegend, dass eine Wurmart, die so nahe am Ballungsraum der Stadt Melbourne und nur in einem sehr kleinen Gebiet lebt, heute strengstens geschützt werden muss. Das Vordringen der Landwirtschaft, die zunehmende Verschmutzung des Flusses und der Tourismus haben diese sensationell große Art an den Rand des Aussterbens gebracht. Hinzu kommt, dass sich dieser Riesenwurm nur sehr langsam vermehrt und Verluste deshalb nur schwer ausgleichen kann. So enthält jeder Kokon immer nur ein Ei und der ausschlüpfende Wurm erreicht erst nach fünf Jahren die Geschlechtsreife. Die natürliche Lebenserwartung dieser Wurmart liegt bei stolzen fünfzehn Jahren.

Ebenfalls überraschend stattliche Maße erreichen Regenwurmverwandte wie Martiodrilus ischuros und andere Arten der

Gattung Martiodrilus in Kolumbien. Sie waren lange nur durch Zeichnungen auf indianischer Töpferware bekannt. Erst 1956 wurden sie nach langer Suche in einem unwirtlichen Hochtal der Anden in rund 4000 Meter Höhe unterhalb der Schneegrenze entdeckt. Die dunkelblau bis dunkelgrün gefärbten Riesen werden bis zu 150 Zentimeter lang und erreichen eine Dicke von 5 Zentimetern.

Weniger spektakuläre Verwandte der einheimischen Regenwürmer sind die erstaunlich großen Wattwürmer aus der Nordsee. Sie leben in u-förmigen Wohnröhren und ernähren sich wie Regenwürmer von den organischen Bestandteilen des Bodens. Schließlich gehören auch die Egel in die nächste Verwandtschaft des Regenwurms.

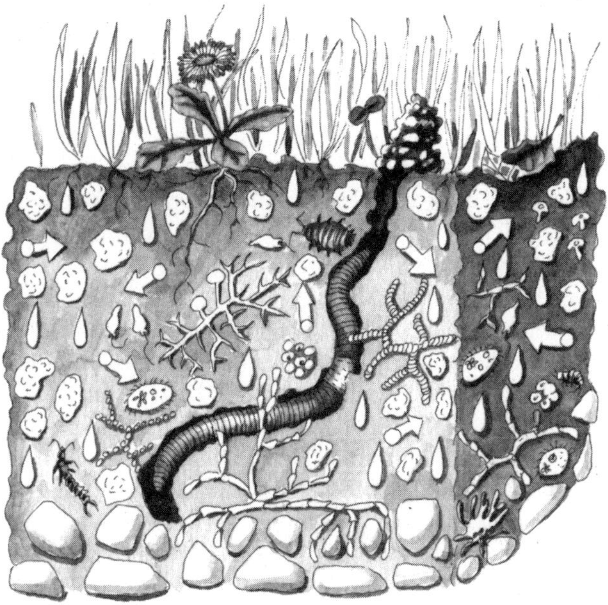

Bodenleben mit Regenwurm

In einem lebendigen Boden geht es den Regenwürmern gut. Eine ausreichend dicke Mulchlage im passenden Mischungsverhältnis bildet die organische Isolationsschicht, die sicherstellt, dass der Boden nicht austrocknet und stets gut genährt ist. Für den Rest sorgen die Bodenorganismen: Sie halten das Ökosystem des Bodens im Gleichgewicht.

Die meisten Bodenlebewesen wie Pilze, Strahlenpilze und Bakterien sind mit bloßem Auge nicht sichtbar, da sie mikroskopisch klein sind. Sie werkeln im Verborgenen und verraten uns ihre Anwesenheit nur indirekt durch das Werk, das sie vollbringen. Größere Tiere wie Regenwürmer, Insekten und Schnecken können im Boden nur existieren, wenn auch die kleinsten Mitglieder der Gemeinschaft vorhanden sind. Und die kleinsten Organismen profitieren ihrerseits von der Anwesenheit der Großen. Es herrscht das Prinzip der positiven Rückkopplung, bei dem sich die Beteiligten gegenseitig fördern. Daher sind Regenwürmer ein Zeichen dafür, dass das Bodenleben in seiner Gesamtheit intakt ist.

Doch was ist eigentlich »Boden«, woraus besteht er, welche Eigenschaften hat er? Und was ist das Geheimnis von Humus, der Grundlage des Lebens auf der Erde?

Was ist Gartenerde?

Spannende Dinge geschehen, wenn man einen Löffel voll Gartenerde in ein Glas Wasser gibt. Feine Schwebteilchen trüben das Wasser, Humusflocken und halb verrottete Pflanzenteile steigen an die Oberfläche und sinken nach einiger Zeit zu Boden. So, als wären sie mit Quecksilber überzogen, erscheinen die zahlreich vorhandenen Luftblasen. Dazwischen versuchen verschiedenste Tiere, schwimmend und sich windend zu entkommen. Den Boden des Glases bedecken Sand und Steinchen. Organische und mineralische Bodenanteile entmischen sich in einer Weise, dass es den Anschein hat, als wolle sich der Prozess der Bodenbildung umkehren. Doch dieses Bild stimmt so nicht ganz, denn Bodenbildung ist mehr als die bloße Vermischung von oberflächlich und im Boden anfallenden organischen und von der Oberfläche und aus der Tiefe stammenden anorganischen Materialien.

Idealer Boden und Bodengare

Was kennzeichnet einen zum Anbau von Pflanzen idealen Boden? Ein solcher Boden ist locker und luftig. Er wird hinsichtlich seiner Struktur gerne mit einem lockeren Hefeteig verglichen. Seine Bestandteile – Luft, Wasser, anorganische und organische Substanzen – haben ein optimales Mischungsverhältnis und sind in die Kreisläufe zur Regeneration seiner Lebenskraft eingebunden. Der angenehm erdige Geruch zeigt an, dass der Boden gut durchlüftet ist und das organische Material zu Humus verrottet und nicht fault.

Die verschiedenen Erdschichten sind voller Leben, sodass alle Vorgänge zum Ab- und Umbau organischer Substanz und zur Neubildung des Bodens so ablaufen können, wie es in der freien Natur seit Millionen von Jahren passiert.

Nährstoffe liegen nur kurze Zeit ungenutzt auf Halde. Dank seiner Krümelstruktur, die er nur mit Hilfe der Bodenlebewesen erreicht, nimmt der Boden Nährstoffe und Feuchtigkeit auf und hält sie lange fest. Für die feinen Wurzeln der Pflanzen ist es leicht, die darin gebundenen Mineralien aufzunehmen.

In der Landwirtschaft und im Gartenbau wird dieser Zustand allgemein als Bodengare bezeichnet. Er kennzeichnet den Optimalzustand des Bodens, der sich durch höchste Bodenvitalität auszeichnet.

Im Zuge der komplexen Bodenbildung werden die Ausgangsstoffe physikalisch und chemisch stark verändert, sodass die gebildete Mischung neue Eigenschaften annimmt, welche die Ausgangsbestandteile weder allein noch in rein mechanischer Vermischung erreichen würden. Nur durch die gestaltenden Kräfte der Bodenlebewesen verwandeln sich die ungleichen Komponenten in fruchtbare Erde. Dieser Prozess ist so vielschichtig und gewaltig, dass die Wissenschaft noch nicht jeden Schritt entschlüsseln konnte.

Boden besteht aus anorganischen und organischen Substanzen sowie aus Luft und Wasser. Werfen wir im Folgenden einen Blick auf die einzelnen Bestandteile des Bodens.

Sande und Tone

Der anorganische Anteil des Bodens beträgt durchschnittlich 45 Prozent. Er wird von Mineralen unterschiedlicher Korngrößen gebildet, die man in Sande und Tone unterteilt. Sande und Tone sind für den Boden und seine Fruchtbarkeit von unterschiedlicher Bedeutung.

Sande

Die groben Anteile, die Sande, die man mit bloßem Auge und etwas Fantasie noch als Felsen im Miniformat erkennen kann – die Körner sind zwischen 0,063 und 2 Millimeter groß –, entstehen allein durch mechanische Einwirkung auf das Gestein im vielfältigen Prozess der Verwitterung. Ganze Gebirge können im Verlauf der Zeit zu Sand zerrieben werden. Die großen Sprengmeister sind hierbei Sonnenwärme und Frost. Auch Pflanzenwurzeln entwickeln eine beachtliche Sprengkraft. Als dünne Fäden wachsen sie auf der Suche nach Wasser und Nahrung in feinste Gesteinsspalten hinein. Mit der Zeit werden die Wurzeln dicker und pressen den Stein immer weiter auseinander, bis er schließlich nachgibt und auseinanderbricht.

Dass es tatsächlich ihr Bedarf an Mineralien ist, der Pflanzenwurzeln in Gesteinsspalten hineintreibt, verraten die Pflanzen in einem einfachen Experiment. Man braucht nur einige Stücke polierten Marmors in einem bepflanzten Blumentopf zu vergraben. Schon nach wenigen Wochen haben Pflanzenwurzeln die kalkhaltigen Marmorsteine umwachsen und damit begonnen, die im Marmor enthaltenen Mineralien mit scharfen Säuren herauszulösen – begehrt sind vor allem Kalzium, Kalium, Magnesium und Phosphate. Zu erkennen ist dies daran, dass der feine Glanz des polierten Marmors verschwunden ist. Seine Oberfläche ist nun matt und rau.

Die Kunst dieser biogenen Verwitterung beherrschen nicht nur höhere Pflanzen, auch auch Moose und Flechten können Steine mit der Zeit ganz schön alt aussehen lassen. Bei diesem Prozess bleiben die Minerale in ihrer ursprünglichen Natur erhalten. Daher spricht man in ihrem Fall von primären Bodenmineralen.

1. Regen, Sonne, Wind und Wasserströmung nagen an der Oberfläche des Gesteins.

2. Frost lässt Wasser in Haarrissen gefrieren und wirkt als Sprengmeister der Natur.

4. Der Zerfall in kleinere Körner und schließlich feinsten Staub ist ein lebendiger Kreislauf aus Werden und Vergehen.

3. Wurzeln dringen in Spalten ein und weiten diese mehr und mehr.

Verwitterung als eine Grundlage für neues Leben

Tone

Geradezu aufregend verläuft dagegen die Geburt der sekundären Minerale, die sowohl durch mechanische als auch chemische Verwandlung entstehen. Sie werden als Tone bezeichnet. Mit einer Korngröße von weniger als 0,002 Millimeter sind sie deutlich kleiner als die allein auf mechanischem Weg entstandenen Sande. Ihre Existenz verdanken sie dem ungeheuer facettenreichen Prozess der Verwitterung, bei dem sie aus dem Ausgangsgestein mehr oder weniger verändert oder zu vollkommen neuen Mineralzusammensetzungen verwandelt werden. In unserer gemäßigten Klimazone treten die Tonminerale vorwiegend in Form von Kaolinit, Montmorillonit und Glimmerartigen auf, wobei die Gruppe des Montmorillonits besonders günstige Eigenschaften für die Fruchtbarkeit des Bodens hat.

Alle Tonminerale des Bodens, gleich welcher chemischen Zusammensetzung, haben die Eigenschaften eines Kolloids. Die Kolloidstruktur der Tonminerale ist mit dafür verantwortlich, dass der Boden Wasser und Nährstoffe aufsaugt, speichert und bei Bedarf wieder abgibt.

Zur Verdeutlichung kolloidaler Eigenschaften sei das Beispiel moderner Dispersionsfarben genannt: Solange die Farbe noch flüssig ist, lässt sie sich mit Wasser verdünnen, während die getrocknete Farbe wasserfest ist. Der Grund für dieses Verhalten liegt in der Größe der Farbtropfen. Diese sind so klein, dass sie im Wasser fein verteilt werden können – dies kennzeichnet unter anderem ein Kolloid. Beim Trocknen schließen sich die winzigen Farbtröpfchen zu einer Farbschicht zusammen, die ihre kolloidale Natur verliert und von Wasser nicht mehr gelöst werden kann.

Auch beim kolloidalen System der Tonminerale im Boden ist Wasser das Dispersionsmittel. Ist es reichlich vorhanden,

Eigenschaften sandreicher und tonreicher Erde

Erde	sandreich	tonreich
Art der Minerale	vorwiegend primär	vorwiegend sekundär
Wasserführungsvermögen	gut	schlecht
Wasserhaltevermögen	gering	hoch
Durchlüftung	intensiv	schwach
Nährstoffgehalt	gering	hoch
Nährstoffbindevermögen	gering	hoch
Durchwurzelung	gut	gering
Bodenbearbeitung wie Umgraben, Hacken	leicht	mühsam

verteilen sich die Tonteilchen weitläufig. Dadurch beeinflussen sie sich gegenseitig nur wenig und sind frei beweglich. Diese Form des Kolloids wird als Sol bezeichnet. Verliert der Boden an Wasser, verringert sich der Dispersionsgrad der Tonteilchen, sie rücken zusammen und beginnen sich gegenseitig in ihrer Bewegung zu behindern. Schließlich kommt es zur Zusammenlagerung und zum Ausflocken. Dieser Vorgang wird Koagulation genannt. Das kolloidale System des Bodens wird zum Gel. Der gegenläufige Prozess, die Rückführung des Gels in ein Sol, wird als Peptisation bezeichnet. Beide Prozesse können im Boden beliebig oft ablaufen und erklären dessen große Speicherkapazität für Wasser und Nährstoffe.

Die Tonfraktion des Bodens hat eine sehr große Oberfläche: Im Vergleich zu einem kompakten Würfel mit einer Kantenlänge von einem Zentimeter, der eine Oberfläche von 6 Quadratzentimetern aufweist, hat eine Tonfraktion gleichen Volumens eine um den Faktor 10 000 größere Oberfläche, also 60 000 Quadratzentimeter.

Die große Oberfläche der Tone ist für die Eigenschaften des Bodens und damit für den Pflanzenwuchs sehr wichtig. Da sich die im Boden ablaufenden physikalischen und chemischen Prozesse fast ausschließlich auf der Oberfläche der Bodenpartikel abspielen, ist in einem Tonboden mehr los als in einem reinen Sandboden. Ton kann mehr Wasser und Nährstoffe binden. Allerdings hat die geringe Korngröße auch Nachteile. So erwärmen sich Tonböden nur langsam, sie lassen sich schwerer bearbeiten und sind meist schlechter durchlüftet.

Auch ein reiner Sandboden hat Nachteile, weil er Wasser und Nährstoffe nur begrenzt binden kann. Am günstigsten ist deshalb ein Mittelmaß: Ein Mischboden, dessen mineralische Fraktion aus Ton und Sand besteht. In solch einem Fall bleiben die Vorteile des Tons weitgehend erhalten, während die Sandbeimengung dessen Nachteile mindert (siehe auch Tabelle Seite 91).

Humus

Neben den anorganischen, mineralischen Bestandteilen enthält der Boden rund 45 Prozent Luft und Wasser, die in dessen Poren und Klüften zu etwa gleichen Anteilen enthalten sind.

Dagegen nehmen sich die durchschnittlich 10 Prozent organischen Materials – der Humus – recht bescheiden aus. Doch diese Menge reicht, um Pflanzen glücklich zu machen. Im Waldboden liegt der Humusanteil bei über 20 Prozent, im Wiesenboden kann er 10 Prozent betragen, während er im konventionell bewirtschafteten, hellbraunen Ackerboden kaum 2 Prozent erreicht. Die konventionelle Landwirtschaft bewirkt ein rapides Absinken des Humusanteiles im Boden.

Was genau aber ist nun »Humus«?

Mit dem Begriff »Humus« werden chemisch unterschiedliche Substanzen zusammengefasst. Das gemeinsame Merkmal aller Humusarten ist, dass sie durch Abbau organischer Stoffe entstehen.

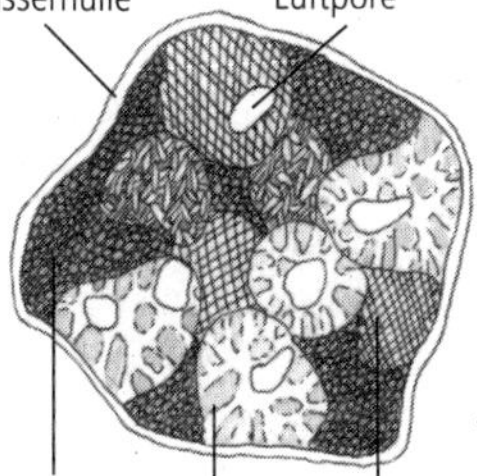

Ein Krümel Erde voller Leben

Humus ist eine braune bis schwarzbraune Masse, die durch Zersetzung toter Pflanzen, Tiere und anderer Organismen sowie aus organischen Abfallstoffen dieser Organismen gebildet wird. Reste von Zweigen, Stängeln und Blättern sind oftmals noch darin zu erkennen, vor allem, wenn der Abbau noch nicht weit fortgeschritten ist. Ansonsten handelt es sich um strukturloses, lockeres Material, in das auch Kot und Tierleichen eingegangen sind. Humus liegt im Endstadium des Abbaus in so geringer Teilchengröße vor – ein Teilchen ist weniger als 0,002 Millimeter groß –, dass er wie die Tonfraktion des Bodens ein kolloidales System darstellt (siehe Seite 90).

Humus ist die Grundlage für Leben auf der Erde. Er nährt die zahllosen Bodenorganismen, die Pflanzen und letztlich auch die Tiere und Menschen. In der ökologischen Gesamtschau bildet Humus den dritten Lebensbereich – neben den Pflanzen, die als Produzenten organisches Material aufbauen, und den Konsumenten, die von den Pflanzen direkt oder indirekt zehren. Humus steht für die Rückführung der Nährstoffe in den Boden und schließt den großen biologischen Kreislauf, der durch die Energie der Sonne in Bewegung gehalten wird.

Nährhumus und Dauerhumus

Humus ist ein sehr heterogenes Gemenge, dessen Bestandteile unterschiedliche Bedeutung für das Leben im Boden und der Pflanzen haben. Hinsichtlich seiner Funktionen lässt sich Humus in Nährhumus und Dauerhumus unterscheiden.

Die Bezeichnung »Nährhumus« ist insofern treffend, als dass dieser Humus tatsächlich Nahrung für die Pflanzen ist, indem er von den Bodenlebewesen sehr rasch abgebaut und letztlich zu Wasser, Kohlendioxid und Mineralstoffen wird. Chemisch gesehen, sind es vor allem bestimmte leicht abbaubare Kohlenhydrate, einige Fette und das in der organischen Substanz enthaltene Eiweiß, die unter geeigneten Bedingungen sehr rasch in diese kleineren chemischen Einheiten zerlegt werden. Im Zuge dieses Prozesses entsteht aus den Eiweißen der abgebauten Substanz auch der wichtige Pflanzennährstoff Stickstoff.

Wasser, Stickstoff und Mineralstoffe werden von den Pflanzenwurzeln direkt aufgenommen, während ein Großteil des Kohlendioxids zunächst in die Atmosphäre entweicht, um anschließend über die Blätter den Weg zurück in die Pflanzen zu finden. Wenn im Prozess der Fotosynthese mit Hilfe der Sonnenenergie Wasser und Kohlendioxid wieder zu organischer Substanz werden, hat sich der Kreislauf aus Werden und Vergehen erneut geschlossen.

In unseren Breiten werden durch künstliche Düngung oder aus dem Untergrundgestein ständig Mineralien nachgeliefert, sodass wir diesem Kreislauf zumindest in begrenzter Menge Holz und Feldfrüchte durch Ernte entnehmen können. Dies ist nicht überall auf der Welt der Fall. So gibt es im tropischen Südamerika Regionen, in denen die Böden kaum Mineralien nachliefern können. Die Üppigkeit des dortigen Regenwaldes erhält sich allein durch sich selbst: über den geschlossenen

Kreislauf der Nährstoffe. Da in dieses Ökosystem so gut wie keine Nährstoffe von außen oder aus dem Untergrundgestein gelangen, erwirtschaftet es natürlicherweise kaum Überschüsse. Verluste durch Ernte von Holz oder Feldfrüchten können nicht aus sich selbst heraus ausgeglichen werden. Daher führen konventionell ausbeuterische Land- und Forstwirtschaft in diesem scheinbar üppigen Lebensraum zwangsläufig zur Zerstörung bis hin zur völligen Unfruchtbarkeit des Bodens und zum Totalverlust dieses Ökosystems mit all seinen Lebensformen.

Zu Nährhumus werden vor allem die abgestorbenen Reste von Gräsern, weichen Kräutern und mit Einschränkungen auch das Laub der Bäume und Büsche.

Andere organische Reste – insbesondere Holz – werden dagegen wesentlich langsamer abgebaut. Sie sind die Grundlage von Dauerhumus, dem Skelett des Bodens.

Holz gehört mit zu den dauerhaftesten und widerstandsfähigsten Baustoffen, die höhere Pflanzen entwickelt haben. Es ermöglicht Pflanzen, Vegetationskörper zu bilden, die fast so hoch aufragen wie der Kölner Dom und dabei ein Alter von mehreren tausend Jahren erreichen können. Die Mammutbäume der Gattung *Metasequoia* im Westen der USA erreichen Höhen von gut 100 Metern. Sie werden noch überragt von australischen Eukalyptusbäumen *(Eucalyptus regnans)*, die in ihrer Heimat Höhen von über 130 Meter erreichen können.

Die Holzbestandteile, die dies ermöglichen, sind Zellulose und Lignin. Beide sind keine leichte Kost für die Bodenlebewesen. Fast könnte man sagen, dass sie dem Organismus Boden schwer im Magen liegen.

Der Grundbaustein der Zellulose ist mit dem Einfachzucker Glukose verwandt. Durch Aneinanderhängen vieler Glukosemoleküle entstehen lange Fasern von großer Zugfestigkeit. Zellulose ist ein ideales Material für stabile Zellwände und elastische Stängel. Für Stämme und tragfähige Seitenäste von Bäumen wird die Zellulose mit einem zweiten Baustoff verbunden, dem Lignin. Sein Anteil am Holz kann 30 Prozent betragen. Gemeinsam mit Hemizellulose bilden Zellulose und Lignin den organischen Baustoff Holz.

Nur wenige Spezialisten, fast ausnahmslos Pilze und Bakterien, sind in der Lage, Zellulose und Lignin zu knacken.

Was aus ökologischer Sicht und mit Blick auf die Wiederverwertbarkeit zunächst nachteilig erscheinen mag – schließlich bleiben die im Holz verbauten Nährstoffe der Wiederverwertung lange entzogen –, erweist sich als großer Glücksfall für die Bodenbildung, weil diese schwer abbaubaren, organischen Pflanzenreste und Humusbestandteile den Dauerhumus bilden.

Diese Humusform ist Hauptbestandteil der organischen Substanz im Boden und verleiht ihm sein tiefbraunes Aussehen. Daneben sorgen auch bestimmte Eisen- und Manganverbindungen für Farbe: Oxide färben braun, andere Verbindungen bringen grünliche, gelbliche, bläuliche oder graue Farbtöne in den Boden. Je höher der Anteil an Dauerhumus ist, desto dunkler ist der Boden. Die Bodenorganismen, allen voran die Regenwürmer, sorgen dafür, dass diese Humusform in den oberen Bodenschichten gebildet, gleichmäßig verteilt und nach chemischer Umformung mit Mineralien vermischt wird.

Die optimale Form von Humus – bestehend aus Nährhumus und Dauerhumus – wird als Mull bezeichnet. Dieser ist fein krümelig, gut durchlüftet, feucht, locker und belastbar. Allgemeine Aussagen zum Verhältnis von Dauerhumus und Nährhumus sind kaum möglich, da die beiden Humusarten je nach Bodenart stark variieren und auch in den einzelnen Bodenschichten unterschiedlich stark vertreten sind.

Ob aus einer bestimmten organischen Substanz Nährhumus oder Dauerhumus wird, bestimmt nicht allein deren chemische

Pilze gehören zu den wenigen Organismen, die Holz zersetzen können. Nur mit ihrer Hilfe kann neues Leben aus totem Holz entstehen.

Abbaubarkeit. Auch als leicht abbaubar geltende Reste tragen zur Bildung von Dauerhumus bei, wenn sie durch Einschluss in Tonpartikel von den abbauenden Mikroorganismen nicht erreicht werden können. Andererseits werden Lignin und Zellulose nicht komplett zu Dauerhumus, wenn bei ihrem Abbau Pilze und Bakterien dominieren, die auf diese beiden Substanzen spezialisiert sind.

Grundsätzlich gilt außerdem, dass jüngere Vegetationsreste leichter verrotten als ältere und oberirdisch gewachsene Pflanzenteile leichter als Wurzeln zersetzt werden. Allgemein könnte man sagen, dass schneller Verrottendes zu Nährhumus und langsamer Verrottendes zu Dauerhumus wird. Der Begriff »Strukturhumus« wäre deshalb treffender als »Dauerhumus«, zumal auch Dauerhumus nicht ewig besteht, sondern nur langsamer verrottet. Er bleibt so lange als Struktur gebendes Element im Boden, bis sich die äußeren Bedingungen ändern.

Humusentstehung

Wie entsteht nun der begehrte Humus? Während die Prozesse zur Bildung der anorganischen Tonminerale und Sande im Wesentlichen mit dem Begriff der Verwitterung zusammengefasst werden, wird der Abbau der organischen Substanz als Verwesung bezeichnet. Am Ende dieses Prozesses stehen den Pflanzen im Idealfall wieder alle in der ursprünglichen organischen Substanz gebundenen Nährstoffe als Nahrung zur Verfügung. Dieser Abbau benötigt eine sehr gute Versorgung mit Sauerstoff und eine möglichst gleichbleibende Feuchtigkeit.

Die Hauptakteure der Verwesung sind die Bodenorganismen. Ohne ihre fressende und verdauende Tätigkeit gäbe es keine Verwesung und keinen Humus. Neben abgestorbenen Pflanzenwurzeln, herabgefallenen Blättern und Ästen geht auch die Körpersubstanz der Bodenlebewesen selbst in den Abbauprozess mit ein. Die Umwandlung in Humus vollzieht sich in zahllosen aufeinander abgestimmten Schritten, für die immer wieder andere Spezialisten zuständig sind.

Am Anfang langen größere Bodentiere wie Asseln, Doppelfüßer, Springschwänze oder Schnecken zu. Sie zerkleinern die größeren Brocken und leiten die chemische Zersetzung ein. Dann kommen die kleineren und mikroskopisch kleinen Mitarbeiter zum Zug wie Bärtierchen, Einzeller und Bakterien. Ihre Enzyme führen den biochemischen Abbau weiter. Dabei geht die ursprüngliche Gestalt der pflanzlichen und tierischen Reste zunehmend verloren. Regenwürmer vermischen den entstehenden Rohhumus mit den anorganischen Tonmineralen und leiten den mikrobiellen Abbau ein. Mit bloßem Auge nicht sichtbare Pilze und Bakterien zerlegen die organische Substanz weiter. Im Idealfall bleiben nur anorganische Endprodukte, vor allem Kohlendioxid, Wasser, Nitrate, Mineralstoffe und Spurenelementen übrig – Nährhumus für neues Pflanzenwachstum.

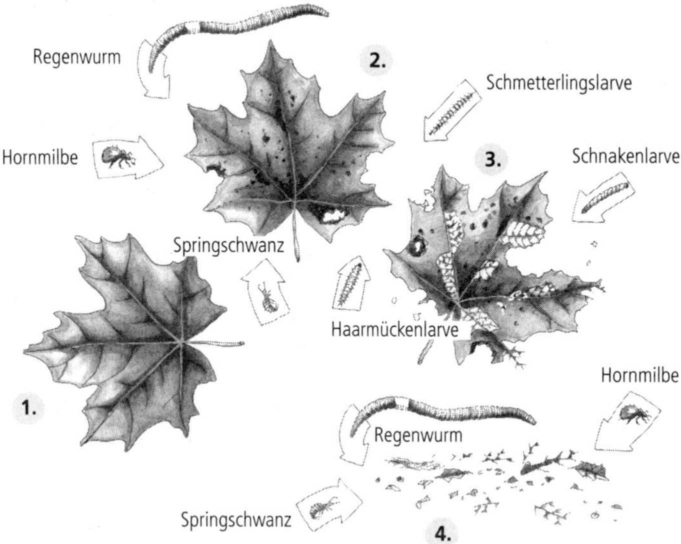

Eine Vielzahl an Bodenlebewesen wirkt zusammen, wenn ein Blatt zersetzt wird. Regenwürmer leben vor allem von dem, was die anderen dabei beteiligten Organismen übrig lassen. Und doch ist es am Ende ihre Aufgabe, alle Reste zu vermischen und zu wertvollen Ton-Humus-Komplexen aufzuarbeiten.

In der Realität sind die Bedingungen für einen vollständigen Abbau aber häufig nicht ideal – und das ist gut so, denn nur so entstehen durch Umbau und Neubau Huminstoffe und Humuskolloide, strukturell wichtige Humusbestandteile.

Huminstoffe sind hochkomplexe, organische Verbindungen. Sie unterliegen im Verlauf des Jahres aufgrund von klimatischen Bedingungen und örtlichen Bodenverhältnissen einem erheblichen Wandel. Ihre Bildung und chemische Struktur sind noch nicht in allen Einzelheiten analysiert und verstanden.

Allgemein lässt sich sagen, dass Mangel an Wasser und Licht, ungünstige Temperaturen oder mangelnde Säurepufferung durch Kalkmangel zu einem unvollständigen Abbau führen. Hinzu kommt, dass manche der organischen Ausgangsmaterialien aufgrund ihrer Struktur oder Einlagerung in den Boden nur sehr langsam abgebaut werden. Die abbauenden Prozesse der Verwesung geraten ins Stocken und die umbauenden Prozesse der Humifizierung und des Neubaus treten zunehmend an ihre Stelle.

Statt der genannten einfachen anorganischen Verbindungen entstehen organische Zwischenprodukte, die so reaktionsfreudig sind, dass sie zu größeren Huminstoffen zusammentreten. Diese dunkelbraunen Verbindungen wirken schwach sauer und senken den pH-Wert der obersten Bodenschicht ab.

Chemisch gesehen bauen sich Huminstoffe immer aus organischen, ringförmigen Einheiten mit meist fünf oder sechs Kohlenstoffatomen auf. Diese ringförmigen Grundbausteine vereinigen sich weiter zu größeren Einheiten, die sich in ihren chemischen und physikalischen Eigenschaften, in ihrer Löslichkeit und der Größe ihrer Grundbausteine unterscheiden. Viele Faktoren beeinflussen dabei die Reaktionsfreudigkeit der einzelnen Komponenten und damit den gesamten Bildungsprozess, sodass die Art der Huminstoffe im Verlauf eines Jahres und je nach Region sehr unterschiedlich sein kann, auch wenn sie aus den gleichen Ausgangsmaterialien entstanden sind.

Huminstoffe sind also nicht Ergebnisse eines einfachen Abbaus von organischer Substanz, sondern erheblich umgebaute und teilweise neu aufgebaute Substanzen. Sie haben mit den Pflanzen und Tieren, aus denen sie hervorgegangen sind, weder in ihrer Form noch bezüglich ihrer chemischen Struktur viel gemeinsam. Die verschiedenen Inhaltsstoffe der verwesenden Pflanzen und Tiere sind zu unterschiedlichen Anteilen am Aufbau der Huminstoffe beteiligt. Mineralstoffe gehen fast nicht in die Bildung ein und nur etwa 20 Prozent der Kohlenhydrate finden sich in den Huminstoffen wieder. Bei Lignin liegt der Anteil bei etwa 70 Prozent, bei Eiweißen geht etwa die Hälfte in den Aufbau der Huminstoffe ein. Fette, Wachse und Gerbstoffe werden fast vollständig zu Huminstoffen umgebaut.

Der interessante und für die Bodenfruchtbarkeit sicher wichtigste Aspekt ist die Kolloidnatur der Huminstoffe. Wegen ihrer geringen Partikelgröße von weniger als 0,002 Millimeter Durchmesser und ihrer großen Oberfläche besitzen sie die Fähigkeit, Wasser und Mineralien einzulagern. Darin übertreffen sie ihre anorganischen Kollegen, die Tonkolloide, bei weitem.

Vornehmlich den tief grabenden Regenwürmern ist es zu verdanken, dass sich die Huminstoffe und die Tonkolloide zu den sogenannten Ton-Humus-Komplexen verbinden. Diese Bodenkolloide bilden das Gefüge des Bodens mit all seinen positiven Eigenschaften.

Ton-Humus-Komplexe

Ton-Humus-Komplexe sind innige Verbindungen aus verwitterndem Gestein und verwesenden organischen Resten.

Ton-Humus-Komplexe sind knapp einen Millimeter groß und mit bloßem Auge kaum wahrnehmbar. Sie liegen im Boden ähnlich locker auf- und nebeneinander wie Erbsen in einem Glas. In den Hohlräumen zwischen den Krümeln und auf ihrer Oberfläche pulst das Leben. Die Oberfläche der Krümel hat einen Überzug aus Wasser, während die Hohlräume mit sauerstoffreicher Luft gefüllt sind: ein idealer Lebensraum für Tiere, Pilze und Algen. Diese bilden die Arbeitsgemeinschaft, die den gesamten biologischen »Abfall« der Natur in Nährstoffe verwandelt und – im Zustand des Gleichgewichts – für eine gleichbleibende Fruchtbarkeit des Bodens sorgt.

Dank dieser Krümelstruktur kann der Boden Wasser aufnehmen, Nährstoffe speichern und beides wieder abgeben. Die Krümel schützen den Boden vor Verschlämmen und Erosion, sorgen für eine gute Durchlüftung und Bodenfeuchtigkeit und erhöhen die Fruchtbarkeit.

Welche chemischen Reaktionen bei dieser Verbindung ablaufen, ist ein hochspannendes Kapitel der Bodenkunde. Ton-Humus-Komplexe entstehen durch die Tätigkeit der Bodenorganismen im Zuge der sogenannten Lebendverbauung. Großen Anteil haben daran die Regenwürmer.

Diese mineralisch organische Vermählung ist ein entscheidender Prozess der Bodenbildung und darf mit Fug und Recht als eines der großen Wunder der Erde bezeichnet werden. Erst seit sich dieser Boden aus Huminstoffen und Mineralien im Verlauf der Evolution entwickelte, konnten höhere Pflanzen nach und nach das Land erobern und in blühende Landschaften verwandeln. Die gesamte Vegetation der Erde lebt von dieser kaum mehr als 30 Zentimeter dicken Auflage, die große Teile des Festlandes der Erde bedeckt und eigentlich nur einen hauchdünnen Film darstellt. Zum Vergleich: Die Dicke dieser fruchtbaren Schicht auf der Erde entspricht nicht einmal der dünnen Staubschicht, die sich während mehrerer Wochen auf einen Globus von der Größe eines Fußballs legt.

Im Verlauf mehrerer hundert Millionen Jahre ist die Verbindung von Pflanzen und Bodenleben zu großer Perfektion gereift. Beide Partner sind ein eingespieltes Team, das für alle Beteiligten den größtmöglichen Nutzen erbringt. Durch Mulchen und Kompostieren versucht der Gärtner, dieses Team wenigstens in Teilbereichen auch für sich arbeiten zu lassen.

Ton-Humus-Komplexe entstehen im Zusammenspiel vieler Beteiligter: Durch Verwitterung und Umbau von Gestein aus dem Unterboden und oberhalb des Bodens entstehen mineralische Tone, durch Verwesung pflanzlicher und tierischer Reste entsteht die organische Grundlage. An der Verbindung der mineralischen und organischen Teilchen zu den Ton-Humus-Komplexen haben Regenwürmer großen Anteil.

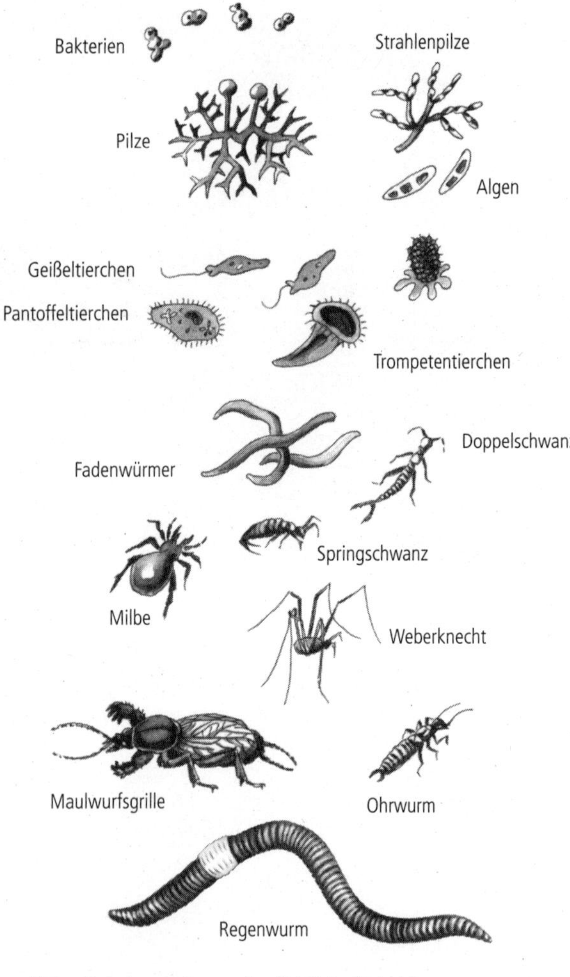

Einige Vertreter aus dem großen Reich der Bodenlebewesen

Regenwurmkollegen im Boden

Die Gesamtheit der Bodenlebewesen, die durch ihre Arbeit fruchtbaren Boden entstehen lässt, wird als Edaphon bezeichnet. Diesen Begriff hat Raoul Heinrich Francé mit seinem im Jahr 1913 erschienenen Buch »Das Edaphon« geprägt.

Bakterien und Strahlenpilze

Bakterien gehören zu den wichtigsten Organismen für die im Boden ablaufenden Abbauprozesse. Ein Löffel voll Erde kann mehrere Milliarden von ihnen enthalten. Ihre Menge schwankt im Laufe eines Jahres sehr stark und ist auch von der Art des Bodens und dessen Pflege abhängig. Bakterien haben eine sehr hohe Vermehrungsrate: Unter Idealbedingungen teilen sie sich durchschnittlich alle zwanzig Minuten. Sie kommen in Form einzelner Zellen und als haufenförmige oder stäbchenförmige Zellkolonien vor. Dabei unterscheidet man Kokken, Stäbchen und Spirillen.

Bakterien leisten Schwerstarbeit. Ihre Enzyme zerlegen Kohlenhydrate, Kohlenwasserstoffe, Fette und Eiweiße in kleinere Einheiten. Da Bakterien kein Blattgrün besitzen und somit keinen Sauerstoff durch Fotosynthese gewinnen können, benötigen die meisten Bakterien Sauerstoff aus der Bodenluft zum Leben. Mit ihrer Stoffwechseltätigkeit fördern diese aeroben, also sauerstoffabhängigen Bakterien das Pflanzenwachstum.

Bakterien, die ohne Sauerstoff auskommen, sind Fäulnisbakterien. Deren Stoffwechsel lässt viele giftige Verbindungen entstehen, die für das Pflanzenwachstum und Bodenleben schädlich sind. Daher ist bei jeder Form der Kompostzersetzung neben gleichmäßiger Feuchtigkeit auf eine ausreichende

Belüftung zu achten. Das gilt für die Wurmkiste ebenso wie für den Komposthaufen und die Mulchdecke auf dem Beet. Beginnende Fäulnis lässt sich am scharfen, unangenehmen Geruch erkennen.

Besondere Bedeutung haben solche Bakterien, die Stickstoff sammeln und diesen in sich anreichern: die nitrifizierenden Bakterien. Die wichtigsten Stickstoffquellen sind dabei Eiweißverbindungen aus verrottenden Pflanzen und Tieren. Das dabei aufgebaute Bakterieneiweiß ist nicht nur eine wichtige Nahrungsquelle für Regenwürmer, sondern auch ein wesentlicher Bestandteil von Humus. Bekannt sind zudem die sogenannten Knöllchenbakterien, die in Wurzelknöllchen von Schmetterlingsblütlern wie Bohnen, Erbsen, Klee oder Lupinen leben, Stickstoff aus der Bodenluft aufnehmen und diesen zu Bakterieneiweiß weiterverarbeiten. Auf dieser Grundlage basiert die Gründüngung. Die Leistung dieser Knöllchenbakterien ist beachtlich: Sie können bis zu 200 Kilogramm Stickstoff pro Hektar und Jahr in den Boden bringen. Frei im Boden lebende Stickstoffbakterien reichern den Boden immerhin noch um rund 10 Kilogramm Stickstoff pro Hektar und Jahr an.

Neben sauerstoffreicher Luft benötigen aerobe Bakterien auch Kalk als Nährstoff. Ist dieser in ungenügender Menge vorhanden, werden beim Stoffwechsel entstehende Säuren nicht neutralisiert und der Boden wird zunehmend sauer. In der Folge gerät der Abbau der abgestorbenen Pflanzen ins Stocken. Es bilden sich Rohhumus und Torf.

Bakterien stehen in einer sehr engen Beziehung zu Regenwürmern, weil sie sowohl im Verdauungstrakt der Würmer als auch in deren Kot reichlich vorhanden sind.

Die sogenannten Strahlenpilze sind keine Pilze, sondern Bakterien. Die meisten von ihnen sind Fäulnisbildner, die Kohlenhydrate in organische Säuren umbauen und daraus

Wie viele Organismen leben in ...?

Allgemein sind Aussagen über die Anzahl der Bodenorganismen in einer bestimmten Menge Erde stets Momentaufnahmen. Sie schwanken in weiten Bereichen je nach untersuchtem Bodentyp und Bodenzustand und auch im Laufe eines Jahres. In der folgenden Tabelle können daher nur Näherungswerte angegeben werden.

Bodenleben (lebende Biomasse)	pro Quadratmeter, 0 bis 30 Zentimeter Tiefe
Bakterien und Strahlenpilze	100 g (1 Billion)
Pilze	100 g (1 Milliarde)
Algen	1 g (1 Million)
Einzeller	10 g (600 Milliarden)
Fadenwürmer	1 g (1 Million)
Milben	1 g (50 Tausend)
Springschwänze	0,6 g (50 Tausend)
Borstenwürmer	2 g (10 Tausend)
Schnecken	1 g (50)
Spinnen	0,2 g (50)
Asseln	0,5 g (50)
Tausendfüßler	4,5 g (300)
Insekten	3,5 g (350)
Regenwürmer	40 g (80)

Energie zum Leben gewinnen. Für die Humusbildung sind sie insofern von Bedeutung, als dass sie auch sehr schwer zu knackende Kohlenstoffverbindungen wie Lignin aufschließen können (siehe auch Seite 96). Zusammen mit Pilzen sind sie verantwortlich für den typischen Erdgeruch.

Pilze

Pilze sind eigenartige Organismen, weder dem Pflanzenreich noch dem Reich der Tiere zugehörig. Daher gelten sie in der Wissenschaft als eigenes Reich. Pilze besitzen niemals Blattgrün und ihre Zellwände enthalten keine Zellulose wie die der Pflanzen. Stattdessen lässt sich in den Zellwänden vieler Pilzgruppen Chitin nachweisen, das in der Natur sonst hauptsächlich in Form des stabilen Außenskeletts bei Insekten vorkommt. Ein einziger Pilzorganismus kann gewaltige Ausmaße erreichen und mit seinem Myzel, den fadenförmigen Zellfäden des Pilzes, eine Fläche von mehreren hundert Hektar durchziehen. Es gibt aber auch einzellige Pilzorganismen wie die Hefen, die wir zum Kuchenbacken oder zum Bierbrauen verwenden.

Pilze lieben pH-Werte kleiner als 7. Damit sind sie für saure Böden das, was Bakterien für basenreiche Böden sind. Sie sind sehr effektive Zersetzer der Bodenstreu und einige von ihnen gehören mit den Bakterien zu den Organismen, die auch schwer abbaubare Kohlenhydrate wie Zellulose, Lignin oder Chitin aufschließen und zersetzen können. Allerdings binden sie den dabei frei werdenden Stickstoff so, dass er nicht direkt für Pflanzen zur Verfügung steht. Diese Verknappung von Stickstoff ist vorteilhaft für den Pilz, weil sie die höheren Pflanzen veranlasst, mit ihm in einen Tauschhandel – die Mykorrhiza – zu treten: Zucker aus der Fotosynthese der Pflanzen gegen den Stickstoff der Pilze.

Da Pilze das Land lange vor den Pflanzen besiedelt haben, vermuten viele Forscher, dass erst dieses Tauschgeschäft den Landgang der höheren Pflanzen ermöglicht hat. Sicher ist, dass dieser Vertrag zwischen Pilz und Pflanze schon sehr früh in der Erdgeschichte geschlossen wurde und heute beide Partner mit diesem Tauschhandel gut leben können.

Pilze wirken beim Aufbau des Dauerhumus mit und leisten dadurch einen positiven Beitrag zur Bodenbildung.

Einzeller

Stets aus nur einer einzigen Zelle bestehen Bodenlebewesen, die man als Einzeller, Protozoen, bezeichnet. Ihre Körperzelle ist ein Alleskönner, die für alle Aufgaben speziell eingerichtete Zellbereiche, Organellen, besitzt.

Protozoenzellen haben darüber hinaus die Fähigkeit, sich im Raum zu orientieren und sich mit Hilfe eines kleinen Motors aus einer sich drehenden Geißel (Geißeltierchen) oder einem Wimpernensemble (Wimpertierchen) gezielt fortzubewegen. Unmotorisiert kommen die Wurzelfüßler (Rhizopoda) daher. Sie sind Fußgänger, die in ständig wechselnder Körperform über den Untergrund kriechen.

Einzeller benötigen eine hohe Bodenfeuchtigkeit und leben nur in den mit Bodenwasser gefüllten Spalten. Sie spielen im Konzert der Bodenorganismen eher die Begleitung. Viele ernähren sich von faulenden Stoffen, andere sind aktive Bakterienjäger. Manche begnügen sich auch mit den im Wasser gelösten organischen Verbindungen als Nahrung.

Fadenwürmer und Enchyträen

Dank seines hohen Wassergehaltes können im Boden auch einige mehrzellige Wassertiere wie die Fadenwürmer (Nematoden) existieren. Das klappt allerdings nur bei gleichbleibender Bodenfeuchtigkeit. Obwohl mehrzellig, sind sie so klein, dass sie im Wasserfilm leben können, der die feinen Bodenpartikel umgibt. Fadenwürmer leben in allen Böden meist in hoher Anzahl. Biologisch betrachtet, könnte man Fadenwürmer als Haie im Bodengefüge bezeichnen, die auf alles Jagd machen, was die passende Größe hat. Der Mund eines Fadenwurms besitzt nur einen einzigen Zahn, der es jedoch in sich hat: Er ist hohl, wird beim Beutefang wie eine Harpune herausgeschleudert und verhakt sich im Opfer. Anschließend fließt enzymhaltiger Speichel in das Opfer. Danach dient der Zahn als Trinkhalm, durch den der Nahrungsbrei eingesogen wird. Manche Fadenwürmer ernähren sich von Algen, andere fangen Einzeller und die Großmäuler unter ihnen fallen auch über andere Fadenwürmer her. Wer so austeilt, muss auch einstecken können: Es gibt zahlreiche Bodentiere, die ihre Ernährung ganz auf den Fang von Fadenwürmern spezialisiert haben. Für so manche Insektenlarve und Milbe sind die Würmer die Nahrungsgrundlage. Äußerst raffiniert stellen ihnen bestimmte Pilze nach, indem sie Fangschlingen auslegen, die sich zusammenziehen, sobald sie von einem Fadenwurm berührt werden. Beliebt sind auch mit zähem Klebstoff überzogene Fangfäden.

Einmal mehr verdeutlicht gerade das Beispiel der Fadenwürmer, dass das Nahrungsnetz des Bodens dicht geknüpft ist. Minütlich spielen sich in der verborgenen Welt des Bodens unzählige Dramen ab.

Regenwürmer bevorzugen neutralen oder basenreichen Boden. Stark saure Moor- und Waldböden meiden sie. Dort übernimmt eine andere Gruppe der Ringelwürmer deren Funktion, die Enchyträen. Auch diese können Körperlängen von 40 Zentimetern erreichen, sind in der Regel aber sehr viel dünner als Regenwürmer und hellgelb bis weiß gefärbt. Ihre Nahrung besteht aus zersetzten Pflanzenresten, die sie – anders als Regenwürmer – bereits außerhalb ihres Mundes verdauen, indem sie Verdauungssekrete nach außen abgeben. Dadurch

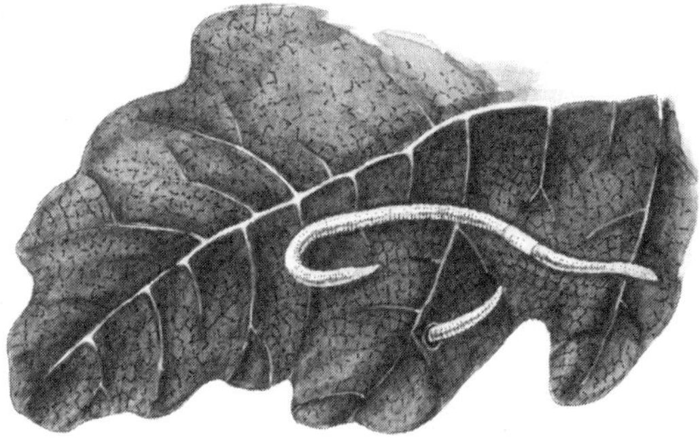

Enchyträen haben in eher sauren Moorböden und Waldböden eine ähnlich wichtige Bedeutung für die Bodenbildung wie Regenwürmer in eher neutralen oder basenreichen Böden.

verflüssigen sich die Pflanzenreste, sodass sie der Wurm aufsaugen kann. Auch Enchyträen vermischen in ihrem Darmtrakt unverdauliches organisches Material mit Bodenmineralien, wodurch im weiteren Verlauf Ton-Humus-Komplexe entstehen. Dadurch kommt ihnen im sauren Milieu eine vergleichbare Rolle zu wie Regenwürmern im neutralen oder basischen Milieu. Zusätzlich bedeutsam für den Gärtner sind Enchyträen als Wundärzte für erkrankte Wurzeln. Sie sammeln sich an von Älchen befallenen Wurzeln und heilen diese, indem sie die Älchen töten und das erkrankte Wurzelgewebe säubern. Bei sehr starkem Befall können aber auch sie nichts mehr ausrichten. Dann sind sie bedeutsam, indem sie die befallene Wurzel rasch zu zersetzen. Bis zu 250 000 Würmchen können Hochrechnungen zufolge in einem Quadratmeter Boden leben.

Schnecken

Auch wenn auf einem Quadratmeter Waldboden bis zu 500 Schnecken leben können, ist ihre Bedeutung für die Zersetzung der Bodenstreu eher gering. Jungschnecken halten sich eher an lebende Pflanzen. Nur ausgewachsene Tiere schaufeln auch abgestorbene Pflanzenreste, tote Tiere oder Kot in sich hinein. Der prozentuale Anteil der abgestorbenen Masse an der Gesamtnahrung ist bei den einzelnen Arten sehr unterschiedlich. Bei der Hainschnirkelschnecke kann er 80 Prozent betragen. Noch mehr Begeisterung für modernde Substrate scheint die Zweizähnige Laubschnecke zu haben.

Die meisten Schneckenarten lieben feuchte Wälder und benötigen zur Entwicklung einen kalkreichen Boden.

Asseln

Eigentlich fühlen sich Asseln nur in feuchten Wäldern richtig wohl. Dort ist es schön feucht, sodass diese über Kiemen atmenden Krebstiere nicht unter Trockenheit und Atemnot leiden. Von dort haben einige Arten wie die Kellerassel ihre Wege in unsere Gärten und Keller gefunden.

Die Kellerassel ist ausgesprochen gefräßig und wird vom Gärtner nicht überall gerne gesehen. Im Gewächshaus und Anzuchtbeet kann sie jungen Pflänzchen durch Anknabbern der Blätter und Wurzeln arg zusetzen. Es bietet sich an, sie in solchen Fällen einzusammeln und am besten auf dem Kompost wieder in die Freiheit zu entlassen, denn für die Bildung von Humus sind die Tiere von herausragender Bedeutung. Bis zu einem Sechstel der anfallenden Bodenstreu wandert durch ihre Mägen. Mit ihren beißenden Mundwerkzeugen können sie auch wenig zersetztes und frisches Pflanzenmaterial in Stückchen beißen und zerkauen. Damit sorgen sie für eine rasche Zersetzung der oberen Streuschicht.

Ihr Kot ist eine Hauptnahrung für flach grabende Regenwürmer. Je zahlreicher die Asseln in der Streu, im Kompost oder in der Mulchdecke sind, desto leistungsfähiger sind diese Regenwürmer. Wegen ihres großen Bedarfs an Feuchtigkeit verlagern Asseln ihre Aktivität während der Sommermonate in die kühleren Nachtstunden. Tagsüber ziehen sie sich in ausreichend feuchte Tiefen des Bodens zurück. Im Frühjahr und Herbst sind sie aktiver.

Spinnentiere

Das gemeinsame Merkmal der Spinnentiere sind die acht Laufbeine an ihrem Vorderkörper. Zwei weitere Beinpaare werden nicht zum Laufen benutzt, sondern sind im Verlauf der Evolution zum Essbesteck geworden.

Webspinnen, Weberknechte, Afterskorpione und Milben sind die für die Zersetzung organischen Materials wichtigsten Vertreter der Spinnentiere. Bis auf die Milben treten sie ausnahmslos als Räuber auf. Häufig erbeuten sie Bodentiere wie Springschwänze und Insektenlarven, die im Übermaß ungünstig für die Humusbildung sein können. Die räuberischen Spinnentiere regulieren so diesen Prozess. Dies zeigt, dass auch indirekt beteiligte Bodentiere große Bedeutung für die Humusbildung haben können.

Milben haben unterschiedliche Ernährungsweisen. Viele sind Räuber: Diese Milbenarten haben längere Beine als andere Milben und sind gut zu Fuß. Organische Reste vertilgende Milben sind dagegen oftmals bizarr geformt und deutlich langsamer als ihre räuberischen Verwandten. Die größte Bedeutung für die Humusbildung haben eindeutig Hornmilben, die in gewaltiger Anzahl im Boden leben. Im Verlauf der Zersetzung greifen sie bei den schon etwas stärker zersetzten Resten ein. Dabei stimulieren sie außerdem die Aktivität anderer Bodentiere. Durch diese Beeinflussung anderer Humusbildner ist ihre Bedeutung für die Humusbildung weit größer, als oftmals angenommen. Rund 75 Prozent der von Hornmilben aufgenommenen Nahrung ist für sie unverdaulich oder kann aus anderen Gründen nicht verwertet werden, sodass sie wieder ausgeschieden wird. Bakterien wiederum freuen sich über diese reichlich anfallenden Kotbällchen.

Insekten

Die Stellung der Insekten im Bodengefüge ist so vielfältig, dass eine allgemeine Darstellung ihrer ökologischen Funktionen kaum möglich ist. Viele von ihnen bleiben dem Lebensraum Boden von ihrer Geburt bis zum Tode treu, andere verbringen nur ihre Jugend als Larve dort. Allgemein spielen Insekten und ihre Larven wichtige Rollen bei der Remineralisierung organischer Reste aller Art. Im Folgenden soll ein kurzer Blick auf Springschwänze und Bodenkäfer geworfen werden.

Die stets ungeflügelten Springschwänze sind überwiegend »Weidegänger«, die sich von Pilz- und Bakterienrasen ernähren. Einige Arten benagen auch pflanzliche Reste. Fast jede Springschwanzart hat eine Sprunggabel, die in Ruhestellung unter den Bauch des Tieres geklappt ist. Bei Gefahr dient sie als Katapult, mit dessen Hilfe sich das Tier erstaunlich weit wegschleudern kann. In den oberen Bodenschichten leben größere, deutlich behaarte Springschwanzarten mit ausgeprägtem Sprungver-

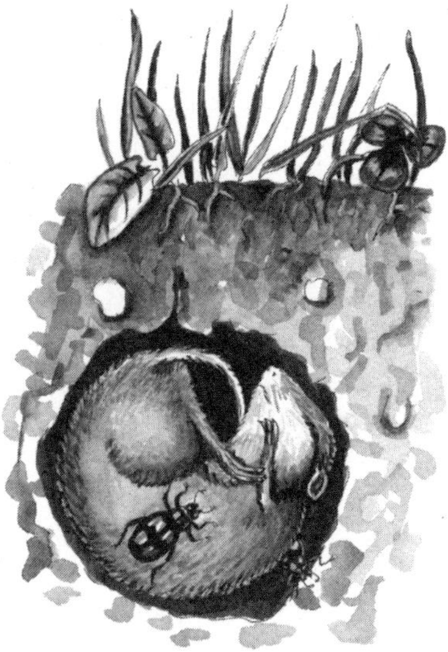

Tote Tiere verwesen rascher, wenn sie von Totengräbern begraben werden und den Käfern als Kinderstube dienen.

mögen. Die tiefer im Boden lebenden Arten sind kleiner und meist weißlich gefärbt. Sie haben keine funktionstüchtigen Sprunggabeln. Bis zu 50 000 von ihnen können in einem Quadratmeter Boden leben. Auch in Blumentöpfen können Springschwänze in Massen auftreten. Meist handelt es sich bei diesen um schwarze Arten, die sich beim Gießen der Pflanzen zeigen, wenn sie in alle Richtungen davonspritzen.

Eine artenreiche Gesellschaft sind die Bodenkäfer. Während Laufkäfer überwiegend räuberisch leben und dabei auch Springschwänze jagen, sind andere Gruppen reine Aasfresser.

So orten die auffallend rotschwarz gefärbten Totengräber eine tote Maus an deren Geruch. Sobald sich ein Käferpaar bei der toten Maus gefunden hat, beginnt das Begräbnis, indem die Erde unter der Maus weggeschaufelt wird. Ist die Maus begraben, wird sie zur Kinderstube für den Käfernachwuchs. Totengräber sind rührende Eltern, die ihre Nachkommen unter anderem mit vorgekautem Mäusefleisch füttern. So tragen sie dazu bei, dass kleinere und auch größere Kadaver rasch verwesen. Dabei sind sie nicht allein, denn auch Fliegen sind schnell zur Stelle, um ihre Eier an einem toten Tier abzulegen. Bald wuseln im ganzen Kadaver weiße Fliegenmaden.

Um die pflanzlichen Hinterlassenschaften von Rindern, Pferden und anderen großen Säugetieren kümmert sich eine ganze Armada von Insekten. Auch in diesem Fall sind die Käfer hinsichtlich ihrer Bedeutung an erster Stelle zu nennen. Der blauschwarze Mistkäfer zum Beispiel vergräbt Teile von Pferdeäpfeln, um daran seine Eier abzulegen. Seine Gänge können bis zu einen halben Meter in die Tiefe führen. Es liegt auf der Hand, dass er dadurch große Mengen organischer Substanz in tiefere Bodenschichten bringt, dabei den Boden durchmischt und mit Nährstoffen anreichert.

Neben diesen großen Käfern lebt ein beinahe unzähliges Heer kleiner Käfer ständig im Boden. Die kleinsten Bodenkäfer lassen sich mit kaum einem halben Millimeter Länge fast nicht mit bloßem Auge erkennen. Diese Bodenkäfer ernähren sich direkt und indirekt von der Bodenstreu, wobei sie meist auf ganz bestimmte Teilbereiche mit genau definierten ökologischen Bedingungen spezialisiert sind. Ihre bodenökologische Bedeutung liegt vor allem darin, dass sie gröberes Material mit ihren starken Kiefern zerkleinern und für eine Umschichtung der Materialien sorgen.

Manch flugfähiger Käfer, der sonst keine direkte Rolle bei der Humusbildung spielt, kann indirekt trotzdem sehr wichtig für das Bodenleben sein, indem er von den eher stationären

Bodentieren als Flugzeug benutzt wird, mit dem sich diese über weite Strecken davontragen lassen. Auf diese Weise erreicht die Bodengesellschaft neue Lebensräume.

Ameisen und Fliegen

Von großer bodenbiologischer Bedeutung sind die Roten Waldameisen. Früher waren sie bis zu hundertmal häufiger im Wald anzutreffen als in den heutigen Forsten. Wie ihre kleineren Verwandten, die Schwarze Wegameise und die Rote Wiesenameise, die auch in unseren Gärten leben, bauen sie umfangreiche Nestanlagen im und über dem Boden mit weitreichenden Straßen. Ihre ausgedehnten Streifzüge führen selbst hoch hinauf in die Bäume. Ameisen verändern beim Bau ihrer Wohnsysteme das Bodengefüge, was sich an der veränderten Vegetation im Bereich der Nestanlagen erkennen lässt. In ihren Nestern fühlen sich auch andere Bodenorganismen wohl. So

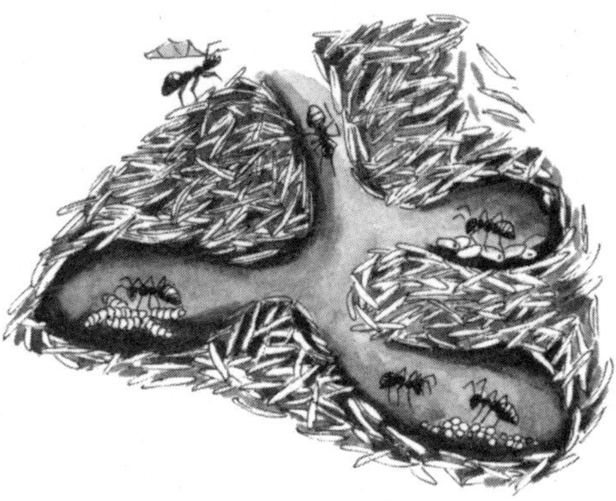

Durch ihre Bautätigkeit beeinflussen Ameisen die Struktur des Bodens sehr günstig.

hat man 14-mal mehr Bakterien und 10-mal mehr Pilze im Innern ihrer unterirdischen Anlagen festgestellt als außerhalb. Bodenbiologisch sind Ameisen auf jeden Fall ein Gewinn. Dass sie der Gärtner manchmal nicht gerne sieht, liegt an ihrer Bevorzugung von süßer Nahrung. Diese beziehen sie von sorgsam gehüteten und gepflegten Pflanzensaugern, vor allem von Blattläusen, eher wenig geschätzten Gästen im Garten.

Die Larven verschiedener Fliegenarten leben bevorzugt in Komposthaufen und Misthaufen, manche haben sich auf ein Leben in Jauche und Gülle spezialisiert. Unter den Fliegenlarven kommen zahlreiche Primärzersetzer von Laub und anderen Pflanzenresten vor, die mit ihrer Tätigkeit am Anfang der Humusproduktion stehen. Ihre Bedeutung drücken Zahlen am besten aus: Zwischen 13 und 29 Prozent des jährlich anfallenden Laubes werden von Fliegenlarven gefressen, 2 Prozent davon benötigen sie selbst zum Leben, die restlichen 98 Prozent werden in aufgearbeiteter Form an andere Bodenorganismen weitergereicht.

Tausendfüßler und Doppelfüßer

Mit den Insekten eng verwandt, aber doch an der weit größeren Anzahl an Beinen sofort von ihnen zu unterscheiden, sind die Tausendfüßler. Es gibt mehrere Tausendfüßlerarten, deren unterschiedliche Spezialisierung sich auch in ihrer Bedeutung für die Humusbildung niederschlägt. Eines aber ist allen Arten dieser Gruppe gemeinsam: Keine erreicht tatsächlich die Beinzahl, die ihr Name vorgibt.

Eine Untergruppe der Tausendfüßler sind die Doppelfüßer. Diese entsprechen eher der Vorstellung eines Tausend-Füßlers, aber auch sie bringen es auf höchstens 350 Beinpaare. Doppelfüßer heißen so, weil sich bei ihnen jeweils zwei Körpersegmente mit je einem Beinpaar zu jeweils einem Doppelsegment zusammengeschlossen haben. Saftkugler, Schnurfüßer und Co. – Vertreter der Doppelfüßer – fressen fast ausnahmslos Pflanzenreste und sind von großer Bedeutung für die Humusbildung. Sie leben in den oberen Schichten der Bodenstreu und haben unterschiedliche Fortbewegungsstrategien entwickelt. Der »Rammtyp« ist hierzulande zahlenmäßig am häufigsten vertreten. Arten dieses Typs sind stark gepanzerte Gesellen mit besonders verstärkten Kopf- und Nackenregionen. Die zahlreichen Beinpaare sorgen für die nötige Bodenhaftung, wenn sie wie Bulldozer durch die Bodenstreu ziehen. Neben Humusbrocken werden auch Erdteilchen aufgenommen und im Darm kräftig durchmischt. Das Ergebnis ist bester Nährboden für Bakterien. Der Saftkugler, der leicht mit einer Rollassel verwechselt werden kann, ist eine Sonderform dieses Typs. Er rollt sich wie ein Igel zu einer Kugel ein, wenn Gefahr droht. Sein fester Panzer ist eine kaum einzunehmende Festung. Darüber hinaus beglückt er seine Feinde mit einem klebrigen Saft, den er zwischen seinen Rückenschilden hervorquellen lässt.

Das Fehlen von Tausendfüßlern im Boden ist ein Zeichen für Kalkmangel, denn die Tiere benötigen Kalk zum Bau ihrer Körperpanzer. Mitunter zeigen sie mit ihrem Fehlen auch eine Unterversorgung des Bodens mit Phosphor an.

Maulwurf und weitere Säugetiere

Unter den Säugetieren gibt es nur wenige Bodentiere. Allen voran muss der Maulwurf genannt werden, der umfangreiche unterirdische Gänge anlegt und den Boden dadurch in hohem Maße umschichtet (siehe auch Seite 81).

Andere Bodenbewohner sind zum Beispiel Mäuse, Spitzmäuse, Hamster und Kaninchen. Mäuse können mit ihren Gängen bis zu 30 Prozent der Bodenstruktur verändern. Durch ihre Wühltätigkeit erhöhen sie die Zersetzungsrate des organischen Materials, sie durchlüften und lockern den Boden, sodass Niederschläge tiefer in den Boden eindringen können.

Mäuse lockern den Boden, sodass sich organische Reste besser zersetzen.

Gartenarbeit mit dem Regenwurm

Mit unserer Gartenarbeit steuern wir nicht nur die Entwicklung der Kulturpflanzen, sondern auch die des Bodenlebens. Pflanze und Boden sind eng miteinander verbunden und ergänzen sich in natürlichen Lebensräumen. Im Garten, der kein natürliches Biotop ist, kommt es darauf an, die natürliche Partnerschaft so weit wie möglich zu erhalten und zu unterstützen, um die Kraft des Waldbodens in den Garten zu holen. Erstaunlich gering sind dabei die Zugeständnisse, die einen Garten besonders regenwurmfreundlich machen.

Wie viele Regenwürmer leben in meinem Garten?

Möchten Sie wissen, wie viele Regenwürmer in Ihrem Garten leben? Mit diesem Wissen lässt sich abschätzen, ob der Boden gut gepflegt ist und ob sich der Ertrag durch gezielte Maßnahmen zur Förderung des Bodenlebens noch steigern lässt.

Am einfachsten ist es, mit dem Spaten ein quaderförmiges Stück Boden auszustechen und die Würmer per Hand auszulesen. Dies sollte an mehreren Stellen wiederholt und die Ergebnisse daraus gemittelt werden. Dennoch ist diese Methode recht ungenau. Besser geht es durch anschließendes Ausschlämmen mit Wasser in einem groben Sieb. Gute Näherungswerte und dadurch einen groben Überblick über die Regenwurmdichte liefert zudem die Zählung der auf der Bodenoberfläche abgesetzten Kothäufchen. Leider bieten solch punktuelle Momentaufnahmen keine gute Beurteilungsgrundlage, denn Regenwürmer sind nicht gleichmäßig im Boden verteilt. Außerdem schwankt ihre Anzahl im Verlauf eines Jahres stark. Die Erfassung ist zudem mühsam und ungenau.

Neben den genannten Methoden versuchen Wissenschaftler, die Würmer mit Hilfe von Stromstößen oder Chemikalien aktiv aus dem Boden zu treiben, um sie zu zählen. Diese Vorgehensweisen bergen große Gefahren für Leib und Leben – meist auch für den Regenwurm – und sollten nur von geschulten Fachkräften durchgeführt werden.

Die für Gartenböden ermittelten Angaben zur Regenwurmanzahl reichen von 100 (eher regenwurmarm) bis 400 (regenwurmreich) Tiere pro Quadratmeter. Ermitteln Sie bei eigenen Zählungen trotz guter Pflege deutlich niedrigere Werte, ist es ratsam, den Boden hinsichtlich Nährstoffversorgung und bestehender Altlasten von einem Labor analysieren zu lassen.

Sicherlich möchten Sie wissen, welche Maßnahmen hierbei gemeint sind? Dies sind einerseits solche des Mulchens, der Düngung und Kompostierung und andererseits eine Bodenbearbeitung, die Rücksicht auf die Lebensweisen und Bedürfnisse von Regenwürmern nimmt. Darüber hinaus lassen sich Regenwürmer mit Kompostmieten oder Wurmkästen auch ganz gezielt fördern und vermehren. Diese Maßnahmen sollen im Folgenden vorgestellt werden.

Mulchen und Düngen

Die Natur zeigt sich nur selten ohne bedeckten Boden: In solchen Lebensräumen ist der Pflanzenwuchs gering und ein Bodenleben nur in Form weniger Spezialisten möglich. Diese Lebensräume haben durchaus ihren Reiz und finden in Gestalt von Steingärten immer mehr Liebhaber unter Gartenbesitzern.

Die produktivsten Böden tragen jedoch eine Decke aus Laub und anderen Pflanzenresten. Wenn Sie einen fruchtbaren Boden wünschen, sollten Sie sich auch im Garten am Vorbild der Natur orientieren und den Boden mit einer Schicht aus organischen Materialien schützen und ernähren.

Diese Technik wird als Mulchen bezeichnet. Sie imitiert die Laubschicht auf dem Boden der Wälder. Dabei müssen Sie sich nicht streng an das Vorbild halten, denn die Erfahrung hat gezeigt, dass auch andere organische und teilweise auch anorganische Materialien die Funktionen einer Laubdecke hervorragend erfüllen können. Mulch liefert die Nahrung, die die Pflanzen zum Gedeihen benötigen, schützt den Boden vor Trockenheit, gleicht Temperaturschwankungen aus und schafft damit die Voraussetzungen für eine vielbeinige Bodenfauna: für Würmer, Pilze und Bakterien.

Materialien zum Mulchen und Düngen

Mulchen und Düngen kann die Zahl der Regenwürmer um das Doppelte bis Dreifache steigen. Dabei spielt es im Prinzip nur eine untergeordnete Rolle, ob diese Düngergabe in mineralischer oder in organischer Form erfolgt, denn in beiden Fällen verbessert sich das Nahrungsangebot für die Regenwürmer im Boden nachhaltig. Durch Zugabe von Mulch und Kompost passiert es sofort, indem die Tiere diese Materialien in den Boden ziehen, wo die Pflanzenreste dann weiterzersetzt werden, während mineralische Düngung die Art und Dichte des Pflanzenwuchses verändert und so mit zeitlicher Verzögerung indirekt wirkt.

Jede Form der organischen Düngung ist sehr günstig für das Bodenleben. Welche Regenwurmarten dabei in welchem Maße gefördert werden, hängt sehr stark von der Art des verwendeten Materials ab. So erhöht sich zum Beispiel durch Hackschnitzel die Zahl der oberflächlich lebenden Humusfresser, zum Beispiel des Kleinen Wiesenwurms: In einem Versuch stieg die Anzahl der Würmer unter einer Hackschnitzelmulchdecke im Vergleich zu nacktem Boden von 64 auf 540 Würmer pro Quadratmeter. Auch wenn Grünmulch aufgetragen wird, erhöht sich die Zahl der Regenwürmer. Dabei profitiert der Gewöhnliche Regenwurm besonders. Der Kleine Wiesenwurm hat im nackten Boden sogar größte Probleme, überhaupt zu überleben.

In einem anderen Versuch wurde mit Stroh experimentiert. Locker, lose und gleichmäßig auf dem Boden verteilt, ist Stroh in einer Mischung mit Grünschnitt ein sehr gutes Futter für Tiefgräber

wie den Gewöhnlichen Regenwurm. Verbrennen des Strohs auf dem Feld führt zum Verschwinden dieser Regenwurmart. An ihrer Stelle vermehrt sich der flach grabende Kleine Wiesenwurm, sodass die Biomasse der Regenwürmer nahezu unverändert bleibt, aber von einem anderen Ökotyp gestellt wird. Abräumen des Strohs wirkt sich auf alle Ökotypen negativ aus.

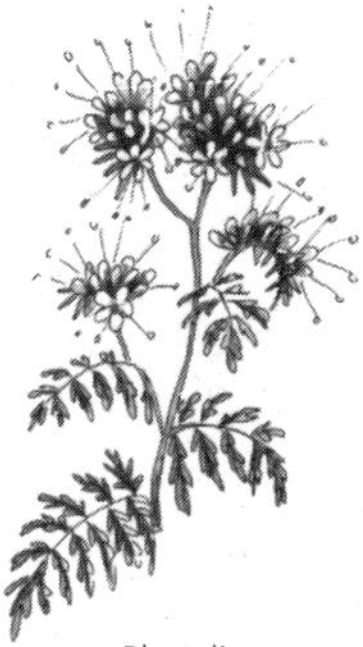

Phacelia – Augen- und Bienenweide und wertvoller Gründünger zugleich

Welche Materialien sind zum Mulchen besser geeignet, welche weniger gut?

Der Einsatz von Torf, der lange Zeit der gängigste Weg zur Mulchdecke war, muss aus ökologischen Gründen abgelehnt werden. Torf wird in den außerordentlich empfindlichen Lebensräumen der Hochmoore abgebaut. Diese Lebensräume erleiden vor allem durch diesen großflächigen Abbau irreparable Schäden bis hin zur völligen Zerstörung. Torf ist die kaum verrottete »Erde« der Moore. Auch wenn außerhalb Deutschlands noch gewaltige Moorflächen existieren, leistet jedes weitere verkaufte Paket Torf dem Ausverkauf dieser uralten gewachsenen Naturlandschaften Vorschub. Der Verzicht auf den Einsatz von Torf bedeutet zudem in keiner Weise eine Einschränkung für die Gartenkultur mit Mulch, denn im Grunde können nahezu alle Materialien für eine Mulchdecke aus dem eigenen Garten gewonnen werden: Grasschnitt, gehäckselter Gehölzschnitt oder Laub bis hin zu kompostierbaren Resten, die in der Küche anfallen.

Frischer **Grasschnitt** und gehäckselter frischer **Baumschnitt** bilden eine hervorragende Mulchdecke. Diese sollte allerdings nicht zu kompakt sein, da sonst der Zutritt von Sauerstoff behindert wird und die ganze Sache zu faulen beginnt.

Wichtig ist auch die Größe der Halme. Regenwürmer haben keine Zähne, sodass sie keine Stücke abbeißen, sondern die Nahrung so aufnehmen, wie sie angeboten wird. Mundgerecht zerkleinert, haben es die Tiere deutlich leichter. So wuchs der Kleine Wiesenwurm in einem Versuch in 150 Tagen mehr als doppelt so schnell, wenn die Größe der angebotenen Nahrung von zuvor 1 Millimeter auf 0,2 Millimeter verkleinert wurde. Es kann sich also lohnen, Grasschnitt weiter zu zerkleinern. Frisches Gras sollte zum Mulchen stets mit Stroh oder anderen »Gerüstmaterialien« wie zerkleinerten Pflanzenstängeln vermengt werden. Trockenes Gras, das erst nach einigen Stunden als Mulchmaterial aufgebracht wird, hat den Vorteil, dass es leichter ist und daher luftiger fällt. Mit dem Wasserverlust ist allerdings auch ein qualitativer Verlust verbunden, weil sich die im Gras enthaltenen Eiweiße rasch zersetzen, wodurch sich der Gesamtabbau des Grasschnitts verlangsamt.

Hervorragende Nahrung für den Regenwurm, geradezu Kraftfutter, sind die Blätter von **Salat, Kohl** oder **Rhabarber.** Auch frisches **Bohnenstroh** und **Kartoffelkraut** eignen sich gut als Regenwurmnahrung. Dagegen sind Äste, Zweige und Blätter aller **Nadelbaumarten** denkbar ungeeignet. Sie enthalten für Regenwürmer unverdauliche Tannine, sind sauer und arm an Stickstoff. Auch das Laub von **Rhododendren, Eichen** und **Buchen** mögen Regenwürmer im frischen Zustand nicht. Alles, was aromatische Kohlenhydratverbindungen, bittere Alkaloide, Tannine und Phenole enthält, schmeckt den Würmern nicht. Sie erkennen diese Substanzen am Geschmack und meiden die entsprechenden Pflanzen. Ausgesprochen gerne mögen sie dagegen Blattnahrung, die reichlich Zucker und Eiweiß enthält.

Stroh ist ein schützendes Mulchmaterial für Erdbeeren, als alleiniges Futter für Regenwürmer aber recht einseitig.

Beliebte Materialien zum Mulchen sind **Stroh** und **Holzwolle** – bekannt zum Beispiel von Erdbeerbeeten, bei denen der Boden zwischen den Pflanzreihen mit Stroh bedeckt wird, damit die empfindlichen Früchte trocken liegen und nicht faulen. Stroh allein ist jedoch genauso wie Holzwolle als Nahrung für den Regenwurm minderwertig. Beide enthalten sehr viel Kohlenstoff, aber nur wenig Stickstoff und können deshalb einen Regenwurm – und damit auch die Pflanzen – nicht ausreichend ernähren. Daher sollte Stroh, wenn es zum Mulchen verwendet wird, immer mit stickstoffreichem Grünschnitt, zum Beispiel Gras, gemischt werden.

Pilzzuchtsubstrate bestehen zwar überwiegend aus Stroh, trotzdem werden sie in der Regel von Regenwürmern gerne angenommen, weil die Pilzfäden, die das Stroh durchwachsen haben, in diesem Fall den nötigen Stickstoff liefern. Das Substrat ist allerdings meist recht grob und sollte fein gehäckselt werden, bevor es auf dem Kompost oder dem Beet landet.

Auch Abfälle aus Sägewerken, wie **Hobelspäne** und **Holzreste,** können gehäckselt und anschließend zum Mulchen verwendet werden. Dabei ist jedoch zu beachten, dass

Holzreste ebenso wie übrigens farbig bedruckte **Kartons** oder **Papier** Rückstände von Lösungsmitteln, Farben und Imprägnierungen enthalten können, die nicht nur der Bodenfauna schaden, sondern auch die Belastung des Bodens vergrößern können. Als alleiniges Mulchmaterial sind Holzreste eher ungeeignet und sollten im Falle der Verwendung mit anderen Materialien wie Grasschnitt gemischt werden. Aus demselben Grund sollte man **Asche** aus dem Kamin, von Pelletöfen und anderen Heizungen erst dann im Garten verwenden, wenn die Unbedenklichkeit geklärt ist.

Eine alleinige Abdeckung mit **Rindenmulch** stellt eine eher einseitige Nahrung für das Bodenleben dar. Rindenmulch belebt zwar den Boden, hält ihn feucht und steigert die Nährstoffversorgung. Entsprechend hoch ist die Zahl der Regenwürmer. Allerdings werden dabei die flach grabenden Regenwürmer einseitig gefördert, die wenig zur Belüftung des Bodens beitragen und kaum für eine Durchmischung des Bodens sorgen. Es mangelt an tief grabenden Regenwürmern, sodass die Abbauprodukte des Rindenmulchs und anderer organischer Materialien nicht in die Tiefe der Wurzelzone gelangen. Die Folge ist, dass die Abbauprozesse im Boden mit ihren unzähligen ineinandergreifenden Abläufen eingeschränkt werden, weil wichtige Spezialisten fehlen. Eine alleinige Mulchdecke aus Rindenmulch ist aus Sicht einer artenreichen Bodenfauna also kaum zufriedenstellend.

Auch **giftige Pflanzen** können kompostiert und zum Mulchen verwendet werden. Bei Pflanzengiften handelt es sich immer um organische Verbindungen, die von Bakterien und Pilzen vollkommen unschädlich gemacht werden können – Eisenhut, Goldregen, Hahnenfuß oder Eibe dürfen also auf den

Komposthaufen. Giftige Gehölze sollten hierbei immer, giftige Stauden möglichst immer fein zerkleinert werden, bevor sie auf dem Kompost landen oder zum Mulchen verwendet werden.

Pflanzliche Küchenabfälle eignen sich gut zum Kompostieren und anschließenden Mulchen. Besonders **Kaffeesatz** ist ein Lieblingsfutter für Regenwürmer. Zum Mulchen eignen sich größere Teile jedoch meist erst dann, wenn sie zuvor fein zerkleinert wurden. Außerdem sollte darauf geachtet werden, dass die Ware aus ökologischem Anbau stammt, damit nicht ungewollt Pestizidrückstände in den Boden gelangen. Knochen, Fleischreste, Fettschwarten und andere **Reste tierischen Ursprungs** sollte man über den Hausmüll entsorgen.

Immer ist auch zu bedenken, dass pflanzliche Materialien pflanzenschädigende Viren und Sporen von Krankheitserregern enthalten können. Viren dringen normalerweise über eine Wunde in die Pflanzenzelle ein. Verbreitet werden sie vor allem von stechend-saugenden Insekten (Wanzen, Zikaden, Blattläusen) und von Älchen. Pilzsporen können außerdem mit dem Wind verbreitet oder von ungenügend gereinigten Gartengeräten (Astschere, Messer) übertragen werden. Viren und Sporen werden von den Verdauungssäften im Darm eines Regenwurms meist nicht angegriffen. Oftmals ist es sogar so, dass die Sporen von der Darmpassage profitieren. Daher sollten Sie krankes Holz und verpilztes Laub am besten über die Biotonne oder den Hausmüll entsorgen (siehe auch ab Seite 133).

Neben pflanzlichen Materialien kann auch der **Mist** von Nutztieren zum Mulchen und Düngen verwendet werden. So sind zum Beispiel Pferdeäpfel und Kuhfladen optimale Materialien für die Zucht von Regenwürmern. Sie eignen sich – selbst in frischem Zustand – auch gut für eine Mulchdecke, da sie in der Regel nichts enthalten, was Regenwürmern und dem Bodenleben im Allgemeinen schaden könnte.

Noch stärker wird der Pflanzenwuchs durch Schweinemist gefördert. Dieser enthält jedoch größere Mengen anorganischer Salze, die für Regenwürmer nicht bekömmlich sind. Außerdem ist zu beachten, dass er mit Kupfer und anderen Schwermetallen belastet sein kann. Wenn man Schweinemist überhaupt zum Mulchen verwendet, sollte er rund zwei Wochen auf dem Kompost verrotten, bevor man ihn auf den Beeten verteilt. Außerdem sollte Schweinemist nicht auf schweren Böden ausgebracht werden, da sich dadurch die Nachteile eines solchen Bodens verstärken.

Für meine Großmutter war getrockneter Hühnermist der beste Dünger. Aber auch in diesem Fall gilt, dass er aufgrund seiner hohen Phosphorsalz- und Ammoniumgehalte nicht direkt zum Mulchen und als Wurmkultursubstrat geeignet ist. Frischer Hühnermist kann in Form von Ammoniumsalzen ein für Regenwürmer tödliches Gift enthalten. Gut abgelagert und mit Stroh vermischt, ist er hingegen reich an Pflanzennährstoffen und gut zum Mulchen geeignet.

Hundekot und Katzenkot sind dagegen denkbar ungeeignet für Regenwürmer und haben weder in der Mulchdecke noch auf dem Kompost etwas verloren: Wie Schweinemist oder Hühnermist wirkt dieser Kot insbesondere im frischen Zustand sehr aggressiv und »scharf«. Kot von Hunden und Katzen sollte über den Restmüll entsorgt werden.

Nur wenige Leserinnen und Leser werden zur Pflege ihres Gartens chemische Industrieprodukte einsetzen. Sicherlich möchten die meisten ihren Garten möglichst im Einklang mit der Natur bewirtschaften. Das bedeutet zum Beispiel sorgfältiger Umgang mit den Ressourcen, Förderung der Artenvielfalt durch Verzicht auf monotone Rasenflächen, stattdessen Anlage von kräuterreichen Pflanzungen, naturnahen Wildpflanzenbeeten oder eines Wassergartens, Verzicht auf nackte Böden, großflächige Versiegelung und Chemie. Trotzdem ist es interessant zu wissen, wie die verschiedenen mineralischen Dünger auf Regenwürmer wirken.

Mineralische Dünger werden in verschiedenen Mischungen angeboten. **Stickstoffdünger** erzielen dabei die besten Ergebnisse hinsichtlich der Anzahl der Regenwürmer im Boden. Zwischen der eingesetzten Menge Stickstoff und der Regenwurmdichte besteht eine direkte lineare Beziehung. Hier gilt die einfache Formel »mehr hilft mehr«. Allerdings darf man es nicht übertreiben, denn ab etwa 10 Gramm mineralischer Stickstoffdünger pro Quadratmeter führt eine weitere Düngerzugabe zu einer steten Abnahme der Regenwürmer.

Das Ausbringen von **phosphorhaltigen Düngern** führte in den bisherigen Untersuchungen zu uneinheitlichen Ergebnissen. Offensichtlich spielen in diesem Fall die Bodenart und vor allem der Versorgungsstand des Bodens mit Nährstoffen weit größere Rollen als beim Düngen mit Stickstoff. Eine allgemeine Tendenz spricht allerdings dafür, dass Phosphorgaben eher nachteilig für Regenwürmer sind.

Auch **Kalken** des Bodens kann einen positiven Effekt auf Regenwürmer haben, da sich die Tiere in kalkarmen Böden wesentlich schlechter entwickeln. So vermehrt sich der Rote Laubfresser im Waldboden, wenn dieser als Maßnahme gegen sauren Regen gekalkt wird. Besonders deutliche Effekte zeigen sich in der Regel jedoch nur, wenn der pH-Wert des Bodens vor der Kalkzugabe unter einem Wert von 5 liegt.

Ammoniumsulfat wirkt sehr nachteilig auf Regenwürmer. Diese Substanz ist ein starkes Gift für die Tiere und wirkt zusätzlich auch indirekt negativ, da sie den pH-Wert des Bodens senkt. Daher wird dieser mineralische Dünger überall dort eingesetzt, wo Regenwürmer unerwünscht sind. Der makellose Golfrasen ist ein Beispiel, wo dieser Weg beschritten wird.

Praxis des Mulchens und Düngens im Garten

Die Mulchschicht sollte nicht zu dick aufgetragen werden, damit das Bodenleben nicht unter Überernährung leidet. Auch besteht bei zu üppiger Mulchdecke die Gefahr, dass die gewollte Verrottung ins Stocken kommt oder gar in anaerobe Fäulnis übergeht. Das Motto »viel hilft viel« ist beim Mulchen nicht angesagt. Es empfiehlt sich, lieber in regelmäßigen Abständen und je nach Bedarf nachzulegen, als gleich zu Beginn des Gartenjahres den gesamten Jahresbedarf aufzubringen.

Zu beachten ist in diesem Zusammenhang auch folgender Aspekt: Tiefgräber wie der Gewöhnliche Regenwurm, der Große Wiesenwurm oder der Nächtliche Ackerwurm legen dauerhaft bewohnte Gangsysteme an, wodurch sich ein fruchtbarer und gesunder Gartenboden entwickelt. Wenn die Würmer nun reichlich Futter finden, graben sie weniger – schließlich liegen ihnen die Leckerbissen direkt vor dem Mund. Sobald die Nahrung knapp wird, beginnen die Tiere, ausgiebig zu graben. Also besser auch unter diesem Gesichtspunkt keine allzu üppige Mulchschicht aufbringen.

Zu bedenken ist auch, dass bestimmte Keime und Dauerstadien mancher Pflanzenkrankheitserreger in einer Mulchdecke überleben können. Auch eine reiche Vielfalt an Regenwürmern, die nachweislich Krankheitskeime unschädlich macht, kann in solch einem Fall immer nur eine Abnahme der Krankheitserreger bewirken, die betreffende Pflanzenkrankheit aber nicht vollkommen ausschalten. In der Regel kommen Pilzsporen mit erkrankten Pflanzenteilen auf den Kompost, wo sie zum Teil überleben und bei Ausbringen des Komposts im Garten für Neuinfektionen sorgen können. Auch kompostierte Unkräuter können über Samen und Wurzelstückchen, die noch im reifen Kompost enthalten sind, auf diese Weise verbreitet werden.

Besser weniger und dafür häufiger mulchen
Bei der Entstehung von Humus wird organisches Material abgebaut und der enthaltene Stickstoff pflanzenverfügbar gemacht (siehe Seite 98). Verlaufen Abbau, Umbau und Neubau nicht zu Mull, sondern bleiben sie beim Moder stehen, fehlt es dem Boden an Stickstoff beziehungsweise stickstoffreicher Rohkost für das Bodenleben. Ist die aufgebrachte Mulchdecke zu dick, beginnen sich Pilze im Übermaß anzusiedeln. Die bakterielle Zersetzung geht zurück, die flach grabenden Regenwürmer wandern ab oder schränken ihre Vermehrung ein: deshalb sparsam mit Mulch umgehen und lieber öfter nachlegen.

Diesbezüglich gefährlich sind zum Beispiel Quecke, Grauschimmel oder die Phytophthora-Krautfäule. Um gefährliche Erreger unschädlich zu machen, ist eine sogenannte Heißrotte in speziellen Anlagen erforderlich, bei der Temperaturen von über 60 Grad erzeugt werden. Kompostwürmer können in der Heißrotte nicht eingesetzt werden. Am besten sollte man solcherart befallene Pflanzenteile über die Biotonne, deren Inhalt in der Heißrotte landet, oder über den Restmüll entsorgen. Auch Verbrennen ist möglich.

Hoch gefährlich und meldepflichtig sind Kartoffelkrebs, Feuerbrand oder die bakterielle Ringfäule. Befallene Pflanzenteile müssen verbrannt werden, wobei Vorsorge zu treffen ist, dass die Pilzsporen dabei nicht mit dem Wind verbreitet werden (Transport im geschlossenen Behältnis oder in einer Tüte).

Vergleichsweise ungefährlich sind Mehltau, Pflanzenschorf oder Pflanzenrost, weil deren Sporen bei den üblichen Rottetemperaturen im Gartenkompost zerstört werden. Aber auch in diesen Fällen gilt: Sporenflug während der Rotte durch Abdecken mit Erde oder Grasschnitt verhindern!

Auch Schwermetalle oder Spritzmittelrückstände können durch Kompostieren belasteten Materials und anschließendes Ausbringen auf dem Beet in den Garten gelangen und dort aufgrund ihrer teilweise langen Halbwertszeiten sehr lange verbleiben, sodass eine Nutzung ohne großzügigen Austausch des Bodens im schlimmsten Fall kaum mehr möglich ist. Kompostieren Sie deshalb zum Beispiel keine mit Pflanzenschutzmitteln – Insektiziden, Herbiziden oder Fungiziden – behandelte Pflanzenreste oder Laub vom Rand stark befahrenen Straßen oder Industrieanlagen und verwenden Sie diese nicht zum Mulchen. Rückstände dieser Substanzen schädigen den Regenwurm teilweise erheblich!

Nicht für Kompost oder Mulchschicht geeignet

- von Bohnenrost betroffene Pflanzen (Ausnahme: bei einer Rottetemperatur über 50 Grad)
- von Grauschimmel betroffene Pflanzen (Ausnahme: bei einer Rottetemperatur über 50 Grad)
- von Sellerieschorf betroffene Pflanzen (Ausnahme: bei einer Rottetemperatur über 50 Grad)
- von Kohlhernie betroffene Pflanzen (Heißrotte bei 60 Grad erforderlich)
- von Stachelbeermehltau betroffene Pflanzen (Heißrotte bei 60 Grad erforderlich)
- von der Himbeerrutenkrankheit betroffene Pflanzen (Heißrotte bei 60 Grad erforderlich)
- von der Pfirsichkräuselkrankheit betroffene Pflanzen (Heißrotte bei 60 Grad erforderlich)
- Queckenwurzeln (Heißrotte bei 60 Grad erforderlich)
- Windenwurzeln (Heißrotte bei 60 Grad erforderlich)

Regenwurmfreundliche Bodenbearbeitung

Die Bearbeitung des Bodens ist ein massiver Eingriff in das Bodenleben. Sie kann die Regenwurmdichte erheblich verringern, aber auch eine Zunahme der Regenwürmer bewirken und damit die Nährstoffversorgung im Boden auf Dauer verbessern.

Durch übliche Bodenbearbeitungsmaßnahmen im Herbst oder Frühjahr wie Fräsen, Pflügen oder Umgraben werden Laub und andere Pflanzenteile in die oberen 20 Zentimeter des Bodens gebracht, wo sie rasch zersetzt werden und die Nährstoffversorgung im Boden verbessern. Dies regt das Bodenleben kurzfristig an und lässt auch die Anzahl der Regen-

Eine regenwurmfreundliche Bodenbearbeitung lockert lediglich die obersten Zentimeter des Bodens ohne dessen Struktur zu zerstören.

würmer im folgenden Jahr ansteigen, weil deren Vorkommen ganz wesentlich durch die zur Verfügung stehende Nahrung bestimmt wird. Es ist jedoch einem Strohfeuer vergleichbar, denn bald kommt es zu einer Nährstoffverknappung, wenn nicht immer wieder Mulch nachgeliefert wird.

Ein großer Nachteil des Umgrabens, Pflügens oder Fräsens ist, dass bei dieser Umschichtung die gesamte Bodenstruktur verloren geht. Alle unterirdischen Tierbauten, Röhren und Klüfte, über die der Boden geatmet hat und mit Wasser versorgt wurde, müssen von Neuem entstehen. Lebewesen, die normalerweise in tieferen Bodenschichten leben, werden nach oben gebracht und umgekehrt. Das gesamte, als Gemeinschaft funktionierende Bodenleben steht buchstäblich Kopf und muss den verloren gegangenen Lebensraum neu strukturieren.

Dies geht allerdings recht rasch, da die Lebewesen auch von der Lockerung des Bodens profitieren. Bei der Bodenbearbeitung gelangen jedoch zahlreiche im Boden lebende Insekten und Regenwürmer an die Oberfläche, wo sie zur leichten Beute für Vögel und andere Räuber werden. Weniger schlimm auf die Gesamtheit der Regenwürmer in einem Beet scheint sich dagegen das Zerschneiden und Verletzen der Tiere beim Umgraben mit dem Spaten auszuwirken. Auch eine Verletzung durch den Pflug können Regenwürmer überleben, wenn sie es schaffen, den verloren gegangenen Körperabschnitt zu regenerieren. Gravierender ist dagegen das Gemetzel, das schnell laufende Bodenfräsen unter den Bodenlebewesen anrichten. Diese Geräte sind so konstruiert, dass sie den Oberboden Zentimeter für Zentimeter durchwühlen und mit ihren Fräseisen alle Erdklumpen zerschlagen. Dabei zerquetschen und zerreißen sie gleichzeitig die im Boden lebenden Organismen, allen voran die Regenwürmer. Besonders davon betroffen sind die epigäischen Arten.

Fatal für die gesamte Regenwurmpopulation kann sich das Umgraben im späten Herbst auswirken, wenn die Tiere dabei nach oben geholt werden und vor dem nahenden Frost nicht mehr rasch genug in tiefere Bodenschichten flüchten können.

Empfehlenswerte regenwurmfreundliche Gartengeräte sind Sauzahn und Grabgabel. Regenwurmunfreundlich ist vor allem die Motorfräse, aber auch der Spaten.

Der Boden sollte bei der Bearbeitung lediglich gelockert werden. Das geht mit einem Sauzahn sehr gut, indem man den Zinken reihenweise längs oder auch längs und anschließend noch einmal quer durch das Beet zieht. Mit der Grabgabel lässt sich der Boden ebenfalls gut lockern, indem man die Gabel einsticht und sie dann zu sich hin zieht und wieder zurückdrückt. Dabei sollte der Boden möglichst nicht gewendet werden, damit die vorhandene Schichtung erhalten bleibt.

Die Haut aller (!) Regenwurmarten ist sehr empfindlich, sodass bereits kurzzeitige Einwirkung von ultravioletter Sonnenstrahlung zum Tode führt. Bei der Bodenbearbeitung nach oben gebrachte Regenwürmer sollten deshalb möglichst umgehend mit Erde oder Laub bedeckt werden. Sie graben sich dann selbst wieder ein und schaffen sich ein neues Zuhause.

Wurmkompost

Jede Form von Kompost ist ein idealer organischer Dünger, der die Pflanzen nicht nur ausreichend und umfassend mit Nährstoffen versorgt, sondern auch die Eigenschaften des Bodens deutlich verbessert und dadurch zusätzlich das Pflanzenwachstum anregt.

Eine kurze Anleitung zum Aufbau eines Komposthaufens finden Sie auf Seite 159. Im Grunde gelten hinsichtlich der

Materialien für das Kompostieren ähnliche Regeln wie für das Mulchen, da ein Komposthaufen als eine sehr dicke Mulchlage aufgefasst werden kann. So ist grundsätzlich alles, was zum Mulchen geeignet ist, auch für den Kompost gut, und umgekehrt gilt, was nicht zum Mulchen geeignet ist, gehört auch nicht auf den Kompost (siehe ab Seite 149).

Ein entscheidender Unterschied zwischen Komposthaufen und Mulchschicht auf dem Beet besteht allerdings in den Hauptdarstellern unter den Regenwürmern, da der Kompost allein schon durch seine Höhe ein vom Erdreich weitgehend isolierter Lebensraum ist. Dadurch sind tief grabende Regenwurmarten wie der Gewöhnliche Regenwurm, die im Boden leben, ihre Nahrung aber überwiegend von der Oberfläche beziehen und dadurch zwischen Boden und Mulch pendeln, eher selten unter und in einem Komposthaufen zu finden, während reine Oberflächenarten, deren Gänge nicht in die Tiefe des Erdreiches führen, sondern mehr horizontal in der Mulchdecke verlaufen, überproportional vertreten sind. Namentlich der Kompostwurm ist ein typischer Helfer bei der Humusbildung im Kompost. Die Tiefenwürmer, das sei nur der Vollständigkeit halber ergänzt, treten weder im Mulch noch im Kompost auf.

Es empfiehlt sich, für eine bessere Verrottung beim Kompostieren gezielt mit Regenwürmern zusammenzuarbeiten. Im Prinzip kommen drei Wurmarten für eine Kompostmiete oder eine Wurmkiste in Frage, von denen zwei – der African Night-Crawler *(Eudrilus eugeniae)* und der Indian Blue *(Perionyx excavatus)* – in den Tropen zuhause sind. Wegen ihres hohen Wärmebedürfnisses sind die beiden tropischen Arten für eine Freilandhaltung hierzulande nicht geeignet. Als Tiere der Tropen sterben sie bereits, wenn die Umgebungstemperatur für einige Stunden unter 8 Grad fällt. Einen Winter im Freiland überleben sie in unserer Klimazone nicht (siehe Seite 141).

Für die Herstellung von Wurmkompost im Garten ist in unseren Breiten nach wie vor der Kompostwurm *(Eisenia foetida)* die erste Wahl. Als Spezialist für Rohhumus kommt er am besten mit den Bedingungen im Komposthaufen oder in einer Wurmkiste zurecht. Andere einheimische Regenwurmarten bringen diesbezüglich keine oder unbefriedigende Resultate.

Der Kompostwurm

Der Kompostwurm ist ein spezialisierter Regenwurm, der in Gartenerde und Wiesenboden wegen seines hohen Wärmebedürfnisses und seines riesigen Nahrungsbedarfes nicht leben kann. Hierzulande kommen Kompostwürmer nur in Gärten und landwirtschaftlichen Betrieben vor, wo sie ausschließlich in Komposthaufen und Misthaufen leben. In üblichen Beeten fühlen sich diese Spezialisten nicht wohl und wandern aus, auch wenn die Beete von einer Mulchschicht bedeckt sind. Es ist für gärtnerische Zwecke daher ohne Nutzen, Kompostwürmer zu sammeln und zusammen mit der Komposterde auf den Beeten zu verteilen. Das wäre fast so, als würde man einen Wüstenbewohner am Nordpol aussetzen.

Der Kompostwurm erreicht eine Länge von 5 bis 8 Zentimeter, in Ausnahmefällen auch bis 14 Zentimeter, und ist an seiner rotgelben Streifenzeichnung leicht zu erkennen.

Weniger deutlich quergestreift ist die Art *Eisenia foetida andreaei.*

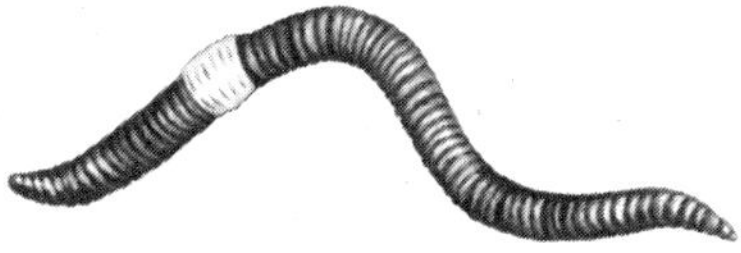

Ein charakteristisches Merkmal dieses Wurmes ist sein spezieller Geruch. Darauf nimmt auch der wissenschaftliche Name Bezug: »foetida« kommt aus dem Lateinischen und bedeutet »der Stinkende«. Vermutlich ist der Geruchsträger ein Abfallprodukt des Wurmstoffwechsels und wird mit dem Harn ausgeschieden. Außerdem sondert der Wurm, wenn er sich bedroht fühlt, einige Tropfen einer gelben Körperflüssigkeit ab, die ebenfalls riecht und den Umgang mit diesem fleißigen Gesellen in der Praxis erschweren kann. Handschuhe sind zu empfehlen, wenn man Kompostwürmer von Hand umsetzen möchte.

Diese Körperflüssigkeit ist die einzige wirksame Waffe, die der Kompostwurm zur Abschreckung gegen die Vielzahl von Fraßfeinden einsetzen kann, die ihm als Bewohner der Laubschicht nachstellen. Dieses Wehrsekret hilft ihm beim Überleben. Hinzu kommt eine überdurchschnittlich hohe Vermehrungsrate, mit der er entstandene Verluste ausgleichen kann. Der Kompostwurm ist der einzige einheimische Regenwurm, der in seine Kokons jeweils mehrere befruchtete Eier hineinpackt.

Abgesehen von seinem Geruch ist der Kompostwurm ein sehr robuster und zuverlässiger Helfer bei der Kompostierung. Er ist genügsam und stellt nur geringe Ansprüche an seine Nahrung. Die Vermehrung klappt auch bei Temperaturen unter 10 Grad noch recht gut, sodass die Kompostierung auch dann noch voranschreitet (siehe auch Seite 143). Da er mit einem geringeren Sauerstoffgehalt in der Luft zurechtkommt als andere Regenwurmarten, stellt die Abdeckung des Wurmkastens oder des Komposthaufens für ihn kein Problem dar. Kurzzeitig kann er seinen Stoffwechsel so umstellen, dass er ganz ohne Sauerstoff aus der Luft auskommt. Kompostwürmer verzeihen kleine Nachlässigkeiten bei der Pflege also recht gut.

African Night-Crawler und Indian Blue

Der African Night-Crawler stammt ursprünglich aus Westafrika. Von dort ist er vom Menschen in andere tropische Regionen eingebürgert worden. Heute lebt er auch in Ostasien, Madagaskar, Mittel- und Südamerika. Bei Temperaturen um 25 Grad wächst er rasch heran und vermehrt sich stark. In den USA wird die Zucht des African Night-Crawler als Angelköder kommerziell betrieben. Erkennungsmerkmale sind eine Körperlänge bis 14 Zentimeter, bis zu 180 Körpersegmente und eine rote bis dunkelrotviolette Körperfarbe sowie ein schillernder Überzug. Das Clitellum befindet sich zwischen den Segmenten 13 bis 18 und tritt schwächer hervor als bei den hierzulande heimischen Arten.

Der Indian Blue lebt im südlichen Indien und tropischen Südostasien von Malaysia bis Vietnam. Er liebt es noch etwas wärmer als der afrikanische Wurm. Dank seines sehr raschen Wachstums und seiner hohen Vermehrungsrate kann er zur Biomasseproduktion eingesetzt werden. Erkennungsmerkmale sind eine Körperlänge bis 12 Zentimeter, bis zu 165 Körpersegmente und eine rötliche bis violette Körperfarbe sowie ein stark schillernder, blauer Überzug. Das Clitellum befindet sich zwischen den Segmenten 13 bis 17.

In einem ganzjährig warmen Gewächshaus oder in einem beheizbaren Wintergarten ist der afrikanische Regenwurm dem heimischen Kompostwurm in der Kompostaufbereitung überlegen. Die Beschaffung der tropischen Würmer dürfte im deutschsprachigen Raum allerdings nicht einfach sein. Wer die überragende Leistung des African Night-Crawlers bei der Kompostierung im Garten ausprobieren möchte, muss sich darauf einstellen, die Würmer zu Beginn der kalten Jahreszeit einzusammeln und frostfrei zu überwintern.

Es gibt mehrere Formen des Kompostwurms, die Namen wie »Tennessee-Wiggler« oder »Roter Kalifornier« tragen. Bei diesen handelt es sich um spezielle Zuchtformen aus den USA, die eine höhere Kompostleistung erbringen und sich auch schneller als die europäische Zuchtlinie vermehren sollen. Wissenschaftlich werden diese Formen nicht getrennt. Sie werden also nicht als Unterarten des Kompostwurms betrachtet, sondern gelten als Zuchtstämme ein und derselben Art. Diese Klassifizierung stellt dabei die in der Gartenpraxis empirisch ermittelte unterschiedliche Leistungsfähigkeit der Zuchtstämme nicht in Frage.

Der Kompostwurm ernährt sich von frischen, stickstoffreichen, pflanzlichen Substanzen, die im Kompost oder Misthaufen durch bakterielle Fermentation für den Wurm bekömmlich werden. Davon benötigt er täglich eine Menge, die der Hälfte seines Körpergewichtes entspricht. Frisch geschlüpfte Würmer verdoppeln in den ersten acht Wochen ihres Lebens jede Woche ihr Gewicht.

Unter Laborbedingungen legt jeder Wurm pro Woche etwa zwei Kokons ab, in denen sich bis zu zwanzig Eier befinden können. Das ergibt etwa hundert Kokons von Frühjahr bis Herbst. Ein solcher Wurm kann es bis zum Ende der warmen Jahreszeit auf etwa vierhundert direkte Nachkommen bringen. Im Freilandkompost und in der Wurmkiste sind diese Zahlen deutlich niedriger (genaue Angaben liegen bisher noch nicht vor, siehe auch Seite 33).

Aus der recht niedrigen Ausgangszahl entwickelt sich dank der hohen Vermehrungsrate bald eine in Abhängigkeit von Pflege und Nährstoffzufuhr des individuellen Komposts ausbalancierte Anzahl an Würmern.

Was braucht der Kompostwurm zum Glücklichsein?

Der Einsatz von Kompostwürmern hat in der Regel das Ziel, nährstoffreichen Wurmhumus für den eigenen Bedarf im Garten zu produzieren. Hierfür bieten sich mehrere Wege an, die den örtlichen Gegebenheiten und dem individuellen Humusbedarf angepasst werden können. Selbst wer keinen Garten hat, kann sich auf dem Balkon eine sogenannte Wurmkiste einrichten, um mit dem darin gewonnenen Wurmhumus Nutz- oder Zierpflanzen in Kübeln zu versorgen.

Die verschiedenen Verfahren sind einander im Prinzip gleich und unterscheiden sich lediglich in der Wahl des Behältnisses. Ansonsten gelten die gleichen grundlegenden Regeln im Umgang mit dem Kompostwurm. Auf spezifische Besonderheiten einzelner Methoden wird nach der folgenden allgemeinen Beschreibung hingewiesen (siehe ab Seite 151).

Was ist bei der Zusammenarbeit mit Kompostwürmern generell zu beachten, was mögen sie und was verabscheuen sie?

Der Einsatz von Kompostwürmern gelingt in jedem Komposthaufen, sofern er den Würmern stets ausreichend Nahrung, Feuchtigkeit und Wärme bietet. Der Standort des Komposthaufens, der Wurmmiete oder Wurmkiste sollte schattig und warm sein, wobei die durch Fermentation im Kompost entstehende Wärme hilfreich ist.

Am wohlsten fühlt sich der Kompostwurm bei einer **Temperatur** zwischen 20 und 25 Grad. Kurzzeitig darf die Temperatur auch auf unter 10 Grad sinken. In Versuchen erwies sich eine Temperatur von etwa 0 Grad als kritisch für den Kompostwurm: Alle Würmer starben bei dieser Temperatur nach spätestens 48 Stunden. Bei Temperaturen unterhalb des Gefrierpunktes tritt der Tod unmittelbar ein, minus 1,3 Grad wurde dabei als Letaltemperatur ermittelt. Gerade der Kompostwurm kommt mit Frost überhaupt nicht zurecht.

Eine andere *Eisenia*-Art *(Eisenia nordenskioeldi)*, die in Russland lebt, kann dagegen wochenlang steifgefroren im Boden überleben. Für den African Nigth-Crawler (siehe Seite 141) ist bereits eine Temperatur von 7,5 Grad unmittelbar tödlich.

Immer wieder wird im Zusammenhang mit der Winterverträglichkeit des Kompostwurmes darauf hingewiesen, dass viele Zuchtstämme, insbesondere die aus den USA stammenden (siehe Seite 142), nicht ganz winterhart sind. Besonders dann, wenn sich Vertreter dieser Stämme nicht von selbst in tiefere, frostfreie Zone des Komposthaufens zurückziehen, kommt es zu Verlusten durch Erfrieren. Es kann daher vorteilhaft sein, die Kompostwürmer im Herbst vom Komposthaufen im Garten abzusammeln und sie frostfrei im Haus zu überwintern.

Höhere Temperaturen bewirken zwar eine raschere Gewichtszunahme und kürzere Entwicklungszeiten, lassen aber die »Geburtenrate« sinken, da zunehmend mehr Kokons nicht entwicklungsfähig sind. Temperaturen über 30 Grad sind für den Kompostwurm auf Dauer tödlich, weil er dann mehr Sauerstoff benötigt, als er über die Haut aufnehmen und selbst produzieren kann.

Der Kompost ist stets feucht zu halten. Sein **Feuchtigkeitsgehalt** sollte zwischen 70 und 90 Prozent liegen. Kompostmaterial mit einem solchen Feuchtigkeitsgehalt fühlt sich geschmeidig an, Blätter rascheln weder noch weisen sie einen weißen Schimmelüberzug auf und Ästchen brechen bei Druck und Spannung nicht sofort. Stauende Nässe ist zu vermeiden. Gute Dienste leisten Handzerstäuber, bei größeren Wurmkisten tut es auch eine Gießkanne mit Brausevorsatz. Gegossen wird am besten regelmäßig und in kleinen Mengen.

Zum Gießen ist grundsätzlich jedes Wasser geeignet. Bei Leitungswasser ist allerdings zu beachten, dass es aufbereitet wurde und daher Zusätze wie Chlor enthält. Abgestandenes

Leitungswasser ist jedoch unbedenklich, weil das Chlor dann entwichen ist. Auch in Regentonnen gesammeltes Wasser, das über Regenrinnen vom Dach gesammelt wird, kann verwendet werden, selbst wenn es nach trockenen Phasen viel Schmutz vom Dach aufgenommen hat.

Haben sich Ameisen im Kompost angesiedelt, kann etwas mehr gegossen werden, denn eine Besiedelung mit Ameisen zeigt an, dass der Kompost für eine optimale Rotte zu trocken ist. Dies gilt allerdings nur für Ameisennester und selbstverständlich nicht für einzelne umherstreifende Ameisen.

Ein Zeichen dafür, dass der Kompost zu nass ist, sind Schwärme von kleinen Fruchtfliegen. Sie werden von faulenden Pflanzenstoffen angezogen und können sich rasant vermehren. Deutlich zu nass ist es in der Kiste, wenn sich die eingebrachten Reststoffe mit einem weißen, pelzigen Schimmelbelag überziehen.

Der **pH-Wert** des Substrates darf nur 1,5 Punkte vom neutralen pH-Wert von 7 abweichen, das heißt maximal innerhalb eines Bereiches zwischen pH 5,5 und 8,5 variieren. Ein Wert unter 5 ist ebenso todbringend für den Kompostwurm wie ein pH-Wert jenseits von 9. Der pH-Wert lässt sich mit einem Teststreifen messen. Es gibt auch elektrische Geräte mit Messfühler. Zu stark säuernde Materialien wie Nadelstreu von Fichte oder Tanne können durch Zugabe von Kalk neutralisiert werden.

Kompostwürmer sind regelrechte Fressmaschinen, die eine Vielzahl unterschiedlicher pflanzlicher Nahrung in sich hineinstopfen, Hauptsache, die Nahrung ist reich an Stickstoffverbindungen.

In diesem Zusammenhang wird gerne das **Kohlenstoff-Stickstoff-Verhältnis** eines pflanzlichen Materials (C-N-Verhältnis) als Maß für sein »Ernährungsvermögen« genutzt. Kohlenstoff und Stickstoff sind Elemente, die im lebenden

Organismus in vielfältigen Verbindungen vorkommen. Kohlenstoff (C) bildet das Grundgerüst organischer Materialien, Stickstoff (N) ist zum Beispiel in Eiweißen und Aminosäuren enthalten. Für die Ernährung der Lebewesen im Kompost – von Bakterien bis zum Kompostwurm – ist Stickstoff ein wichtiger Grundbaustein. Je mehr Stickstoff im kompostierten Material enthalten ist, desto besser entwickeln sich die Kompostbewohner und desto rascher verläuft der Abbau. Holz, in Form von in Sägespänen oder Sägemehl, besteht fast nur aus Kohlenstoff. Mit Holz allein kann man die Tiere im Kompost deshalb nicht am Leben erhalten. Grasschnitt dagegen besitzt einen recht hohen Gehalt an Stickstoff. Er ist somit ein ideales Futter für die Kompostbewohner.

Das C-N-Verhältnis setzt die beiden Elemente zueinander ins Verhältnis. In der Praxis ist dieses Verhältnis jedoch wenig brauchbar, da es nicht, wie etwa der pH-Wert des Bodens, mit einem einfachen Teststreifen schnell noch vor dem Füttern ermittelt werden kann. Stattdessen muss es in aufwendigen Laboranalysen bestimmt werden. Wenn man weiß, welche Materialien geeignet sind, reicht dies in der Praxis aus.

Je vielfältiger die Nahrung ist, desto mehr danken es Ihnen die Würmer. Weiterhin ist zu beachten, dass das Futter in kleinen Portionen verabreicht wird und größere Blätter und Pflanzenteile zuvor fein zerkleinert werden. Sind die Lagen zu dick und massiv, kann nicht ausreichend Sauerstoff hinzutreten und die gewünschte Zersetzung geht in anaerobe Fäulnis über. Dabei entstehen Faulgase, die die Kompostwürmer vertreiben. Wenn größere Pflanzenmengen auf einmal anfallen, muss für eine gute **Belüftung** – bei eher kompaktem Material zum Beispiel durch eine ausgewogene Beimischung in Form von lockerem Material – gesorgt werden, damit die Pflanzenreste nicht faulen.

Insbesondere im Sommer sollte die Schicht der frisch aufgebrachten Materialien nicht zu üppig ausfallen, da dies die Vermehrung von Bodenpilzen fördert, welche die Kompostwürmer auf Dauer beeinträchtigen.

Der Kompost darf zudem nicht verdichtet werden, da Kompostwürmer nicht graben können. Sie leben natürlicherweise in der lockeren Laubstreu und im morschen Holz weitgehend zerfallener Baumstubben, wo Grabenkönnen nicht gefragt ist.

Einige Tage alte Kuhfladen und Pferdeäpfel sind Lieblingsspeisen des Kompostwurmes, die für die meisten Gärtner jedoch eher schwer erhältlich sein dürften. Auch die Hinterlassenschaften von Kaninchen und Hühnern werden gerne angenommen. Bei Hühnermist ist zuvor allerdings eine längere bakterielle Reifung erforderlich, da er in frischem Zustand selbst für Kompostwürmer unbekömmlich ist (siehe auch Seite 130). Kaninchenmist wird dagegen auch frisch angenommen. Als **Futter** geeignet sind weiterhin alle Arten pflanzlicher Reste, die in der Küche anfallen, ausgeschnittene, faulige Stellen von Obst und Gemüse, auch Kaffeesatz und Teesatz sowie Papier und verschiedenste Gartenabfälle.

Die Würmer mögen es außerdem, wenn die Nahrung mit mineralischem Bodenmaterial gemischt wird. Allgemein ist es darüber hinaus immer empfehlenswert, leichter und schwerer abbaubare Materialien zu mischen, weil dies die Durchlüftung fördert und dem reifenden Kompost eine gute Struktur gibt.

Stinkende Küchenabfälle, die bereits zu gären begonnen haben, sind ungeeignet. Auch alle »nichtzellulären« Substanzen wie Gelatine, Hefeextrakt, Glukose oder Stärke sowie Material, das durch anaerobe Mikroorganismen in Fäulnis übergegangen ist, zum Beispiel schwarzes, matschiges Laub, das bereits zu stinken beginnt, oder schimmeliger, schmieriger Grasschnitt, gehören nicht auf den Kompost.

Mit Herbiziden belastete Pflanzen sollten über den Restmüll entsorgt werden, denn Herbizide, die mit belasteten Pflanzenresten auf den Kompost gelangen, behalten ihre Wirkung, da sie nicht oder nur langsam abgebaut werden. Mit Pestiziden belastete Komposterde kann das Wachstum von Gurken und Tomaten um bis zu 80 Prozent bremsen, auch Zierpflanzen werden dadurch im Wachstum gebremst.

Von selbst versteht sich, dass Draht, Glas, Metalle, Farbreste, Kunststoffe und andere Materialien, die nicht oder nur langsam verrotten, nicht auf den Komposthaufen oder in die Wurmkiste gehören.

Auf den Kompost dürfen zum Beispiel Mist von Hühnern, Pferden oder Kühen, Eierschalen, Teebeutel und Kaffeesatz, Reste von Obst und Gemüse, Rasenschnitt, Laub und Heckenschnitt oder Haare. Gespritze Zitrusschalen und Bananenschalen oder Essensreste gehören dagegen in den Restmüll.

Das schmeckt dem Kompostwurm

- abgelagerter Mist von Schafen, Pferden (auch frisch verwendbar), Kühen (auch frisch verwendbar), Schweinen (nur gut abgelagert, frisch nur als Beimengung verwendbar), Kaninchen (auch frisch verwendbar), Hamstern (auch frisch verwendbar), Hühnern (nur gut abgelagert, frisch nur als Beimengung verwendbar)
- fein zerkleinerte Eierschalen
- zerkleinerte Zwiebeln, zerkleinerter Lauch, Reste vom Gemüseputzen, Kartoffelschalen, unbehandelte Obstschalen
- Kaffeesatz, Teesatz, Teebeutel
- Rasenschnitt (nicht zu kompakt schichten, gegebenenfalls vorher antrocknen)
- gut abgelagerter, zerkleinerter Baum- und Strauchschnitt sowie Laub (Achtung: Reste von Eiche, Buche, Nussbaum, Tanne oder Fichte sind in frischem Zustand unbekömmlich und müssen zunächst eine Weile liegen)
- Papier (schwarze Druckfarben sind in der Regel nicht giftig, Vorsicht ist diesbezüglich bei farbigen Druckereiprodukten wie Illustrierten geboten, die jedoch ohnehin nicht auf den Kompost gehören)
- Stroh (nur in Mischungen mit stickstoffreichen Materialien, zum Beispiel Grasschnitt, Bohnen-, Erbsen- oder Lupinenstroh)
- Sägemehl (nur in Mischungen mit stickstoffreichen Materialien, zum Beispiel Grasschnitt, Bohnen-, Erbsen- oder Lupinenstroh)
- Schlammgrund aus dem Teich (frischen Schlamm zunächst in der Nähe des Teiches lagern, damit Tiere aus dem Schlamm in den Teich zurückkehren können)

Ungeeignet für den Kompostwurm

- eventuell Kirschkerne, Zwetschenkerne, Aprikosenkerne, Pfirsichkerne: diese zersetzen sich nur sehr langsam, deshalb sind sie für die Wurmkiste eher wenig geeignet, wohl jedoch für die größere Kompostmiete im Garten
- anaerobe Fäulnisprodukte wie schwarzes, matschiges Laub oder schmieriger Grasschnitt
- Kork
- mit giftigen Spritzmitteln behandelte Schnittblumen
- beschichtetes Papier, Milchtüten, Getränkekartons
- Frittierfett, Altöl
- Kerzenstummel (aus Paraffin oder Stearin)
- tierische Speisereste (Fleisch, Knochen), Gelatine, Hefeextrakt
- gekochte, insbesondere stärkehaltige Speisereste, zum Beispiel gekochte Nudeln
- lackiertes Holz, Spanplattenreste
- Reste von Schichtstoffplatten, zum Beispiel Laminat
- Dachpappe
- alte Teichfolien
- alte Gummiringe, Gummihandschuhe, Gummistiefel, Gummibälle
- alte Gartenschläuche, alte Schläuche von Schubkarrenreifen
- Plastikschnüre, Kunststoffe
- Glas
- Metall, Draht

Wie kommen die Kompostwürmer in den Garten?

In ländlichen Gegenden werden die Kompostwürmer den neu errichteten Komposthaufen als Lebensraum irgendwann entdecken und von selbst einwandern: Über kurze Distanzen können sie gezielt zuwandern, ansonsten erreichen sie neue Biotope über passiven Transport in Form ihrer Kokons (siehe auch Seite 55). Wer nicht so lange warten möchte, kann in benachbarten Misthaufen nach ihnen suchen oder den Nachbarn um eine Spende bitten.

Ansonsten bleibt nur der Kauf der Würmer bei professionellen Anbietern (siehe Seite 158 und Adressen im Anhang Seite 171). Der Kauf bei einem professionellen Züchter kann sich lohnen, weil man dort in der Regel Würmer aus leistungsstarken Zuchtstämmen, also geprüfte Qualität, erhält.

Die Kompostwürmer können im Prinzip zu jeder Jahreszeit in den Kompost eingesetzt werden. Im Winter sorgt zwar die bei der Verrottung im Kompost entstehende Wärme dafür, dass sich die Würmer wohlfühlen, bei Frost sollten sie dennoch möglichst tief im frostfreien Bereich des Komposthaufens eingegraben werden. Sie suchen sich die ihnen behagende Temperaturebene dann selbst.

Kompostkisten und Wurmmieten

Die Behälter, in denen der Kompost gesammelt wird und in denen die Würmer leben – Kompostmieten, Wurmkisten oder Kompostkisten –, sind meist einfache Konstruktionen, die den individuellen Bedürfnissen angepasste Lösungen ermöglichen.

Damit sich die Würmer wohlfühlen, sollte die Anlage in jedem Fall windgeschützt aufgebaut werden und auch eine Abdeckung besitzen, die vor der direkten Sonne schützt.

Ideal ist der milde Schatten eines größeren Gehölzes, da dort im Sommer von den Blättern zusätzlich Verdunstungskälte gebildet wird.

Im Folgenden werden die befestigte Kompostmiete und der wandernde Komposthaufen im Garten sowie geschlossene Wurmkisten näher vorgestellt.

Die befestigte Kompostmiete

Im Gegensatz zum Komposthaufen (siehe Seite 159) wird die Kompostmiete etwa spatentief in den Boden eingesenkt. Um die darin lebenden Würmer vor Feinden zu schützen, wird sie am Boden und an den Seiten durch Wände und eine Abgrenzung nach unten eingefasst. Außerdem erhält die Konstruktion ein Dach, damit die Würmer auch von oben geschützt sind.

Wenn der geeignete Platz im Garten gefunden ist und auch über die Art der Konstruktion entschieden wurde – zum Beispiel, ob Holz, Steine oder Draht zum Bau und zur Sicherung der Kompostmiete verwendet werden sollen –, kann der Bau beginnen.

Zunächst sollte eine etwa 50 Zentimeter tiefe Grube ausgehoben werden, die exakt die Maße der späteren Kompostmiete hat. Eine Grundfläche von 1 × 1,50 Meter ist ausreichend. Sie kann auch größer sein und richtet sich nach der zu kompostierenden Menge. Der Boden sollte nicht verdichtet werden, weil überschüssiges Wasser sonst nicht abfließen kann. Wer möchte, kann die Kompostmiete auch so tief in das Erdreich einsenken, dass sie zwischen den Pflanzen kaum hervortritt – wie tief die Miete für diesen Zweck eingesenkt werden muss, hängt von der Höhe der Pflanzen ab, die um sie herum wachsen. Die Konstruktion sollte allerdings nicht ganz im Erdreich versenkt werden, weil dies den Zutritt von Luft erschwert und damit die Rotte behindert.

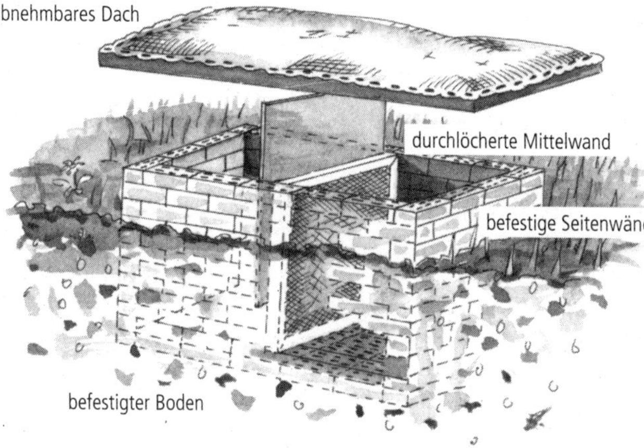

Eine befestigte Kompostmiete hat seitliche Wände und eine Abgrenzung nach unten. Ein abnehmbares Dach schützt vor zu viel Licht und Austrocknung und verhindert weder Feuchtigkeits- noch Luftzirkulation. Eine durchlöcherte Mittelwand erleichtert die Zusammenarbeit mit den Kompostwürmern. Der befestigte Boden schützt vor Fraßfeinden aus dem Untergrund.

Regenwürmer sind für viele Bodentiere Leckerbissen. Besonders Maulwurf und Spitzmaus bekommen rasch mit, wo sie zu holen sind. Um diese gefräßigen Räuber am Eindringen in die Miete zu hindern, können Sie entweder den Boden der Miete mit Lochsteinen auslegen oder einen engmaschigen Draht einziehen. Es versteht sich von selbst, dass die Lochsteine so eingelegt werden, dass ihre Röhren senkrecht verlaufen, um den Würmern gegebenenfalls einen Wechsel von außen in die Miete oder umgekehrt zu ermöglichen. Immer sollte man beim Bau der Miete auch die Entnahme der fertigen Komposterde im Blick behalten. Wenn am Boden Drähte hochstehen oder die Bodensteine sehr unruhig liegen, bleibt man beim Entnehmen der Erde ständig mit der Schaufel hängen und öffnet im schlimmsten Fall den Zugang zum Boden, sodass die Regenwurmfeinde schließlich doch von unten eindringen können.

Danach werden die Seitenwände eingezogen. Diese können aus Ziegelsteinen, Beton, Kunststoff oder Holzlatten bestehen.

Am einfachsten geht es mit gelochten Ziegelsteinen, da diese einerseits haltbar sind und sich andererseits leicht in passender Länge und Höhe aufeinanderschichten lassen. Da sie nicht mit Mörtel verbunden werden, kann eine Kompostmiete aus Steinen schnell abgebaut und an anderer Stelle wieder aufgebaut werden.

Beton hat den Nachteil, dass beim Bau aufwendige Verschalungen notwendig sind und das Bauwerk nur mit erheblichem Aufwand wieder rückgebaut werden kann. Bei gegossenem Beton sind Abbau und Wiederaufbau kaum möglich.

Kunststoff ist meist sehr lichtempfindlich. Nach wenigen Jahren beginnt sich das Material zu verfärben, wird brüchig und schließlich unbrauchbar. Außerdem ist Kunststoff genau wie Metall nicht atmungsaktiv und feuchtigkeitsausgleichend.

Holzlatten müssen vor dem Aufbau zwar passend zurechtgeschnitten werden, lassen sich ansonsten aber unkompliziert verarbeiten. Leider ist Holz meist jedoch nicht sehr dauerhaft. Geeignet ist zum Beispiel unbehandeltes Holz von Fichte, Tanne, Lärche oder Eiche.

Eine Kompostmiete sollte nicht höher als einen Meter aufgeschichtet werden. Die vier Seitenwände sind daher jeweils maximal einen Meter hoch. Die Länge der Seitenwände ergibt sich aus den Abmessungen des Bodens. Wer die Möglichkeit hat, eine größere Miete aufzubauen – zum Beispiel 2 × 5 Meter groß –, sollte die Seitenwände nur 70 bis 80 Zentimeter hoch aufbauen und den Kompost in der Mitte zu einem etwa einen Meter hohen Berg aufschichten.

Fünf einfache Regeln für die Kompostmiete

- Abwechslungsreiche und gut durchmischte, möglichst klein gehäckselte pflanzliche Nahrung,
- Rückzugsmöglichkeit für die Würmer in die Tiefe der Miete,
- gleichbleibend hohe Feuchtigkeit,
- lockeres, gut durchlüftetes Substrat und
- Schutz vor Kälte und Austrocknung.

Die Bodenabgrenzung und die Seitenwände sollten möglichst lückenlos zueinanderliegen, denn Spitzmäuse sind klein und zwängen sich auch durch schmale Ritzen hindurch.

Auch von oben droht Gefahr durch Rabenvögel, Spechte und Amseln. Schon aus diesem Grund ist es ratsam, den Kompost abzudecken. Die Abdeckung tut aber vor allem den Würmern gut, weil sich diese im Dunkeln am wohlsten fühlen. Bei der Wahl der Abdeckung ist also darauf zu achten, dass das Material kein Licht durchlässt, gut schließt und dennoch die Wärme nicht staut. Auch den Zutritt von Sauerstoff, ohne den kein Kompost in Schwung kommt, sollte sie nicht erschweren. Schließlich muss sie so konstruiert werden, dass sie jederzeit leicht abzuheben ist, da die Würmer ständig neues Futter benötigen.

Bewährt hat sich ein drahtbespannter Holzrahmen mit aufgelegten Kartoffelsäcken. Auch aufgelegte Holzlatten sind möglich. Der Rahmen wird einfach auf den Wurmkasten aufgelegt, Abstandshalter sind dabei nicht erforderlich. In den Ecken eingesetzte Holzpfosten verhindern, dass der Rahmen wegrutscht. Die Holzpfosten sind einige Zentimeter höher als die Miete und werden außerhalb dieser direkt neben den Ecken in den Boden gesetzt.

Eine elegante Lösung für eine Abdeckung stellt ein Spitzdach dar. Es empfiehlt sich besonders bei größeren Mieten ab 2 Meter Breite, weil sich der Kompost so in der Mitte zu einem Berg aufschichten lässt. Dafür wird an den beiden Stirnseiten des Kastens jeweils ein offener Giebel aus Holz oder lückig gesetzten Steinen errichtet, auf denen der entsprechend lange Giebelbalken ruht. Das Ganze kann wie der einfache Rahmen mit Draht bespannt und mit Kartoffelsäcken oder einer dunklen Plastikfolie abgedeckt werden. Bei Verwendung einer Folie ist es besonders wichtig, dass die beiden Stirnseiten offen bleiben, damit die Wärme abziehen kann und der Kompost genügend Luft bekommt. Das Ganze ähnelt ein wenig einem Frühbeetkasten, allerdings ohne Glasscheiben, denn diese würden den Kasten zu einem Treibhaus machen und die ganze Anlage rasch zum Überhitzen bringen.

Im Winter leistet ein Wärmeschutz gute Dienste: So lässt sich der Kompost zum Beispiel mit Schilfmatten abdecken, auch Folien sind in Ordnung. Wird der Kompost im September oder Oktober nochmals umgesetzt, erhitzt sich die Rotte erneut, sodass das Bodenleben auch während des Winters aktiv bleibt. Eine Ummantelung und Abdeckung mit Schaumpolystyrol ist eine weitere Möglichkeit, den Kompost gegen Kälte zu schützen.

In der Praxis hat es sich bewährt, gleich zwei solcher Kästen nebeneinander zu errichten, beziehungsweise einen Kasten in doppelter Länge zu planen und diesen in der Mitte durch eine Trennwand zu teilen. Diese Trennwand sollte so beschaffen sein, dass die Würmer von dem einen in den anderen Kasten oder von der einen in die andere Kastenhälfte wechseln können, indem die Wand viele Löcher oder Schlitze aufweist. Wie bei den Seitenwänden bietet sich Holz als unkompliziertes Baumaterial an.

Wann ist der Kompost fertig?

Mit dem Kressetest lässt sich einfach feststellen, ob der Kompost reif ist: Hierfür entnehmen Sie eine Handvoll Kompost aus etwa 10 Zentimeter Tiefe, geben ihn in eine flache Schale und säen Kressesamen ein. Anschließend decken Sie die Schale mit Klarsichtfolie ab. Keimt die Kresse nach etwa zwei Tagen, können Sie den Kompost im Garten verwenden. Dauert es länger, bis die Kresse keimt, und keimt sie sehr lückig, obwohl Sie gleichmäßig gesät haben, sollte der Kompost noch einige Tage reifen. Wiederholen Sie gegebenenfalls dann den Kressetest.

Gefüttert wird immer nur in einer der beiden Kastenhälften. Wo es das Futter gibt, bekommen die Würmer schnell mit und ziehen dorthin. Ist der Kompost ausgereift, wird die Fütterung in die andere Hälfte verlagert. Die hungrigen Würmer merken dies sofort und wandern freiwillig nach nebenan. Danach sollte man mit der Entnahme des reifen Wurmkompostes drei bis vier Wochen warten, bis die letzten Würmer in der ersten Kastenhälfte aus ihren Kokons geschlüpft sind und ihren Eltern in die andere Kastenhälfte gefolgt sind.

Auf diese Weise erspart man sich das mühevolle Umsetzen der Würmer von Hand. Auch wenn die meisten Würmer umgezogen sind, sollte man bei der Entnahme des reifen Kompostes behutsam vorgehen (siehe auch Seite 164).

Wo der Platz für solch eine Doppelmiete nicht zur Verfügung steht, kann man die Würmer mit einem lecker gefüllten Drahtkorb anlocken, der für mehrere Tage auf den Kompost gestellt und etwas eingegraben wird. Natürlich muss der Drahtkorb durch eine lockere Abdeckung verdunkelt werden. Wird die Fütterung ansonsten komplett eingestellt, ziehen sich die Würmer samt Nachwuchs in das drahtige Schlaraffenland zurück und können nun bequem umgesiedelt werden. Ist für die Umsiedelung keine zweite Miete vorhanden, kommen die wertvollen Helfer mit ausreichend Substrat so lange in einen Eimer mit Deckel, bis die alte Miete nach der Entnahme des fertigen Komposts wieder in Betrieb geht. Bis zu einer Woche werden Sie Ihre Würmer so auslagern können, ohne dass diese sehr darunter leiden – vergessen Sie aber nicht, die Würmer auch im Eimer mit Futter zu versorgen (siehe auch Seite 164).

Fertiger Wurmkompost kann etwa alle drei Monate entnommen werden, wobei dies auch sehr stark vom kompostierten Material und der Witterung – und natürlich der Aktivität der Kompostwürmer – abhängt.

Zum Start der Kompostmiete oder der Wurmkiste können etwa 500 Würmer pro Quadratmeter eingesetzt werden. Hierfür sollte die Kompostmiete etwa 50 Zentimeter hoch mit pflanzlichen Reststoffen gefüllt sein. Die Würmer werden von den Züchtern und Versendern üblicherweise in Form der erwachsenen Würmer zusammen mit etwas Substrat verschickt. Eine übliche Menge sind zum Beispiel 500 Würmer mit einem Gesamtgewicht von etwa 300 Gramm.

Der kreisende Wurmkomposthaufen

Ohne Umrandung und Unterbau kommt die Wandermiete aus. Es ist im Grunde ein normaler Komposthaufen, der stets nur an einer Seite mit Kompostmaterialien belegt wird. An der anderen Seite kann man den fertigen Wurmkompost entnehmen. Nach Art einer Wanderdüne wandert er so allmählich Stück für Stück weiter. Das Gleiche tun die Würmer, die in seinem Inneren leben. Besonders elegant wird diese wandernde Kompostwurmzucht, wenn sie im Kreis geführt wird.

Aufbau eines Komposthaufens

Im Gegensatz zur Wurmmiete sollte ein Komposthaufen niemals in einer Grube liegen. Zur Neuanlage wird zunächst eine Schicht gröberes Material, zum Beispiel grob zerkleinerte Äste oder Baumstrünke, auf dem Boden ausgebreitet. Das verbessert die Durchlüftung und dadurch die Verrottung. Auf diese Schicht kommen dann all die Reste und Materialien, die sich für die Kompostierung eignen (siehe ab Seite 124 sowie Seiten 149 und 150). Natürlich würde solch ein Komposthaufen jetzt auch von alleine starten. Rascher geht es, wenn Sie mit zwei bis drei Schaufeln voll Komposterde aus einem anderen Komposthaufen nachhelfen, indem Sie diese über Ihrem neuen Komposthaufen verteilen. Dadurch bringen Sie bei der Zersetzung helfende Pilze und Bakterien ein. Drei Hände voll Kalk und die gleiche Menge Gesteinsmehl sorgen zusätzlich für Anschub. Schließlich sollten Sie dem Ganzen noch eine Gießkanne voll Wasser gönnen. Eine Abdeckung mit Stroh oder Heu unterstützt die Wärmeentwicklung.

Blühende Kürbisblüten im Sommer und orange leuchtende Früchte im Herbst machen den Komposthaufen zu einem attraktiven Blickfang im Garten.

Die Wurmkiste aus Holz

Dort, wo kein Garten zur Verfügung steht – wenn Sie beispielsweise nur einen Balkon oder eine Terrasse haben –, bietet sich eine geschlossene Wurmkiste an.

Sie wird aus etwa 12 Millimeter dicken Holzplatten oder Holzlatten gefertigt und hat je nach verfügbarem Platz eine Grundfläche von etwa 60 × 90 Zentimeter. Die Höhe sollte etwa 30 Zentimeter betragen. Die Kiste kann länger oder breiter, sollte jedoch nicht höher sein, weil dies die Durchlüftung beeinträchtigt. Größere Kisten werden auch schnell zu schwer und unhandlich. Bauen Sie bei Bedarf lieber eine zweite Kiste.

In einer Kiste mit den genannten Abmessungen können nach Erreichen eines Gleichgewichtes rund 1000 Kompostwürmer leben und wertvollen Wurmkompost herstellen. Diese Menge Kompostwürmer wiegt etwa 600 Gramm. Als Nahrung benötigen die Würmer täglich eine Menge, die der Hälfte ihres Körpergewichts entspricht. Somit kann eine solche Kiste täglich rund 300 Gramm Küchenabfälle und Kompostmaterial aufnehmen – so viel, wie täglich in einem durchschnittlichen Zweipersonenhaushalt anfällt.

Das Holz zum Bau sollte formaldehydfrei sein. Spanplatten sind nicht immer geeignet, weil sie Formaldehyd enthalten können, in diesem Fall sollte man beim Händler nachfragen. Besser sind Bretter aus unbehandeltem Nadelholz, die auch als Regalbretter in den entsprechenden Maßen angeboten werden.

Die Bodenplatte wird mit drei bis vier Reihen Löcher versehen, wobei jede Reihe vier bis sechs Löcher von jeweils etwa 6 Millimeter Durchmesser aufweisen sollte. Unter die Kiste sollte eine flache Auffangschale, zum Beispiel aus Plastik, gestellt werden, die die austretende Flüssigkeit aufnimmt. Das aus der Wurmkiste abfließende Wasser ist mit Nährstoffen angereichert und eignet sich hervorragend zum Gießen der

Pflanzen. Um die Rotte zu verbessern, sollten auch die Seitenwände der Wurmkiste mit Luftschlitzen versehen werden. Alternativ können die Seitenwände auch in Lamellenbauweise errichtet werden.

Die Kiste bekommt weiterhin eine Abdeckung. Im einfachsten Fall kann diese aus einer dunklen Folie bestehen, die einfach über den Rand der Kiste gelegt und dort mit einer Schnur oder einem langen Gummi befestigt wird. In die Folie werden anschließend – zum Beispiel mit einem Schraubenzieher – kleine Löcher gestoßen. Eine schönere Abdeckung erhält die Kiste durch einen Holzdeckel, der sich mit Hilfe von Scharnieren komfortabel bewegen lässt.

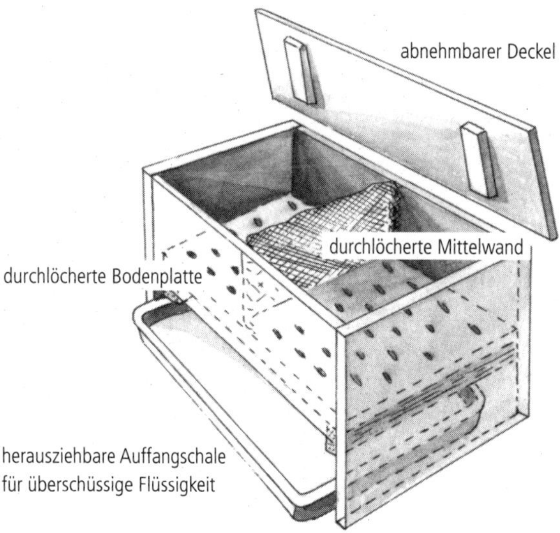

Die Bewohner einer Wurmkiste auf Balkon oder Terrasse verwandeln Reste von Obst und Gemüse in wertvollen Wurmhumus.

Findet die Kiste ihren Platz auf dem Balkon oder einer mit Bodenfliesen bedeckten Terrasse, wird sie nicht direkt auf den Boden gestellt, sondern durch Unterlegen von flachen Steinen, Holzklötzen oder zwei Holzleisten angehoben, damit das überschüssige Wasser in die Auffangschale abfließen kann. Stellen Sie die Kiste nicht in die Auffangschale, sondern passen Sie die Schale zwischen den Füßchen der Kiste so ein, dass Sie die Schale zum Entleeren unter der Kiste herausziehen können.

Befüllt wird die Kiste folgendermaßen: Als unterste Lage kommt eine 1 bis 2 Zentimeter dicke Schicht sandige Erde hinein, darauf eine etwa 20 Zentimeter dicke Tragschicht aus zerknülltem Papier, gerollter Pappe oder zerkleinerten Eierkartons. Die Papierschicht sollte vor dem Einbau gut angefeuchtet werden. Und schon können die ersten Küchenabfälle hineingegeben werden. Zunächst nur wenig – zum Beispiel täglich zwei Hände voll –, um Schimmelbildung und Fäulnis zu vermeiden. Als letzte Schicht kann auf die Küchenabfälle eine Lage feuchtes Zeitungspapier aufgelegt werden. Das mindert die Verdunstung.

Warten Sie nach dem Einbringen der ersten Kompostmaterialien mindestens sechs bis acht Wochen mit dem Einsetzen der Würmer. Vor allem, wenn Pferdemist oder Kuhmist vom Bauern mit eingebracht wurde, können anfangs Temperaturen von mehr als 60 Grad erreicht werden. Hat der neue Kompost die erste hitzige Phase überstanden – auch bei normalen Küchenabfällen können sich Temperaturen von über 40 Grad entwickeln, die kein Wurm überlebt –, können die Kompostwürmer einziehen.

Die Schicht aus »Untergrundmaterial« und organischen Resten sollte für die erstmalige Einbringung der Würmer 15 bis 20 Zentimeter dick sein.

Wie lange kann ich die Wurmkiste alleine lassen?
Sie fahren in den Urlaub und möchten Ihre Würmer währenddessen nicht verhungern lassen? Sorgen Sie vor: Wenn Ihre Würmer täglich zum Beispiel 200 bis 300 Gramm Nahrung verwerten, können Sie die Tiere mit 3 bis 4 Kilo zusätzlicher Nahrung unbesorgt zwei Wochen alleine lassen. Neben dem Nahrungsengpass kann auch mangelnde Feuchtigkeit zum Problem werden: Gerade im Sommer sollte die Feuchtigkeit einmal pro Woche kontrolliert und gegebenenfalls gegossen werden. Hier sollten Sie einen netten Nachbarn um Hilfe bitten.

Eine Wurmkiste kann sehr produktiv sein und viele Würmer beherbergen. Es kann sich also lohnen, für den Neuanfang bei einem Wurmkistenbesitzer um eine Wurmspende anzufragen. Ansonsten bleibt nur der Kauf bei einem professionellen Züchter und Versender (siehe auch Seite 158 und Adressen im Anhang Seite 171). Etwa 500 Würmer reichen für den Anfang. Wer nicht sofort optimale Erträge erzielen möchte, kommt auch mit einer kleineren Menge aus. In geringerer Dichte eingesetzt, vermehren sich die Tiere rascher. Reine Geldverschwendung ist es dagegen, mehr als die empfohlene Menge einzusetzen. Die »überzähligen« Würmer würden den überbevölkerten Kompost bald verlassen und außerhalb der Kiste zugrunde gehen, die verbliebenen sich kaum vermehren.

Im Laufe der Zeit entwickelt sich je nach verfügbarer Nahrung ein Gleichgewicht hinsichtlich der Wurmanzahl und Sie werden ein Gefühl dafür bekommen, wie viele Küchenabfälle innerhalb eines bestimmten Zeitraumes in der Kiste verarbeitet werden (siehe auch Seite 160). Ab und zu eine Handvoll Gesteinsmehl fördert das Wohlbefinden der Würmer und verbessern die Rotte. Bei guter Pflege, das heißt bei regelmäßiger

Fütterung, einer Dusche alle drei bis vier Wochen und passendem Innenklima, kann zweimal im Jahr bester Wurmhumus für Topf- und Balkonpflanzen entnommen werden.

Da Kompostwürmer nichts im Blumentopf zu suchen haben, müssen sie zunächst aus dem entnommenen Kompost vertrieben werden. Wer sie nicht von Hand aussieben oder herauslesen möchte, kann alternativ folgende Methode ausprobieren: Füllen Sie die entnommene Komposterde mit den noch darin befindlichen Würmern in ein sehr grobmaschiges flaches Sieb (die Löcher des Siebes müssen so groß sein, dass die Kompostwürmer hindurchpassen), das Sie auf eine Schale mit etwas Erde stellen. Stellen Sie das Ganze dann je nach Materialmenge acht bis zwölf Stunden unter eine Rotlicht-Wärmelampe. Die Würmer weichen vor der Wärme nach unten aus und fallen durch das Sieb in die untergestellte Schale. Je nach Schichtdicke und Größe des Siebes können bis zu 10 Liter Komposterde innerhalb dieser Zeit »entwurmt« werden. Bei größeren Mengen oder einem kleinen Sieb sollten Sie die Menge auf mehrere Durchläufe verteilen.

Das Problem, die Kompostwürmer aus dem reifen Kompost aussieben zu müssen, lässt sich umgehen, indem Sie die Kiste mit einer durchlöcherten Mittelwand versehen (siehe Illustration Seite 161). So entsteht ein Zweikammersystem, das sich wie die Wurmmiete unkompliziert abwechselnd füllen und leeren lässt (siehe Seiten 156 und 157).

Geschlossene Plastikbehälter als Wurmbehausung

Geschlossene Plastikbehälter, zum Beispiel Plastiktonnen, beinhalten immer die Gefahr der Überhitzung, denn Kompost kann bei der Zersetzung erstaunlich hohe Temperaturen erreichen. Schon bei dauerhaft 30 Grad stockt die Vermehrung des Kompostwurmes, geringfügig höhere Temperaturen von

32 Grad bringen den Würmern den Tod durch Ersticken. Daher verlangen geschlossene Plastikbehälter mehr Aufmerksamkeit als Wurmkisten aus Holz. Bei ausreichender Belüftung – das zu kompostierende Material sollte vorgetrocknet, sehr fein zerkleinert und in einer recht dünnen Schicht aufgebracht werden, zusätzlich kann die Wand des Behältnisses im oberen Bereich mit 6 bis 10 Millimeter großen Löchern versehen werden – eignen sich kleinere Regentonnen mit einem Fassungsvermögen von 30 bis 50 Litern. Es gibt sie zusammen mit passenden Deckeln in runder und eckiger Form. Dank ihrer meist unauffälligen Farbe – zum Beispiel Dunkelgrün – lassen sie sich gut im Garten »verstecken«. Bei ausreichend Platz kann der Behälter auch auf dem Balkon oder der Terrasse stehen. Der Boden des Behälters sollte mit Löchern versehen sein, damit die austretende Flüssigkeit abfließen kann.

Das Behältnis wird hinsichtlich der eingebrachten Materialien und Schichtdicken wie die geschlossene Wurmkiste aus Holz gefüllt (siehe Seite 162). Die Entnahme des fertigen Komposts kann etwas schwierig sein, wenn das Behältnis bis auf die Abflusslöcher im Boden geschlossen ist: In diesem Fall muss die Tonne zum Entnehmen der Komposterde ausgekippt werden.

Was tun, wenn es nicht richtig läuft?

Fruchtfliegen, die in dichten Wolken aufsteigen, wenn der Kasten geöffnet wird, können in ihrer übermäßigen Entwicklung durch Einstreuen von Gesteinsmehl oder Sägemehl gebremst werden: Für diesen Zweck sollte das eingestreute Material den Kompost in einer 3 bis 5 Zentimeter dicken Schicht bedecken. Auch eine Lage aus zerknülltem Zeitungspapier schafft Abhilfe. Langfristig sollten die Wassergaben verringert werden. Da die Fliegen durch kleinste Öffnungen in die Kiste gelangen können, ist ein fliegensicheres Abdichten nicht möglich, ohne die Rotte zu beeinträchtigen.

Enchyträen sind kleine, weiße Würmchen. Sie sind mit den Regenwürmern sehr nahe verwandt, haben sich aber auf basenarme, eher saure Substrate spezialisiert. Überall dort, wo der pH-Wert des Substrates so niedrig ist, dass Regenwürmer passen müssen, füllen diese weißen Würmchen die entstehende Lücke. Ähnlich wie Regenwürmer leisten auch sie wertvolle Mithilfe bei der Verrottung von pflanzlichen Resten. Ihr Auftreten im Wurmkasten oder in der Kompostmiete ist allerdings ein deutliches Warnsignal. Den eingesetzten Kompostwürmern geht es nicht gut, sie leiden unter Kalkmangel. Zur Bestätigung der Diagnose empfiehlt es sich, mit einem Teststreifen den pH-Wert zu ermitteln. Wiederholte Zugabe von kalkhaltigem Gesteinsmehl oder von Algenkalk hebt den pH-Wert langsam wieder an und die Enchyträen werden wieder seltener.

Wenn der Kompost **fault** und entsprechend riecht und **schimmelt,** ist eigentlich alles zu spät. Dann haben sich Faulgase wie Ammoniak und Methan gebildet, die alle »guten« Bodenlebewesen – auch die Kompostwürmer – zum Absterben gebracht haben. In diesem Fall hilft nur ein Neuanfang. Das faulende Innenleben ist weder als Pflanzennahrung noch als neuer Kompostansatz brauchbar und sollte über die Biotonne entsorgt werden.

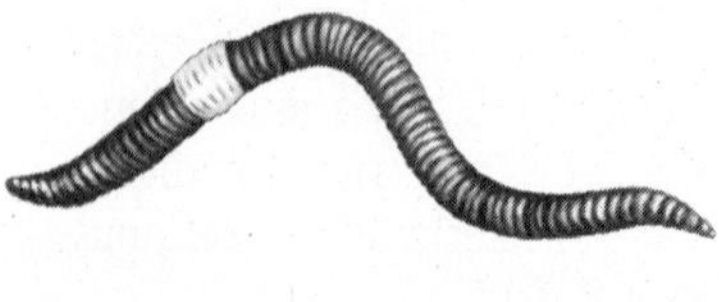

Der Autor

Dr. Ralf Klinger, Jahrgang 1949, studierte Zoologie und Botanik in Frankfurt. Nach der Promotion über ein blütenökologisches Thema arbeitete er zunächst am Hessischen Landesmuseum in Darmstadt, am Senckenberg-Museum in Frankfurt und am Bishop-Museum in Honolulu. In dieser Zeit erschienen erste populärwissenschaftliche Beiträge über die heimische Tier- und Pflanzenwelt. Als Mitarbeiter einer Frankfurter Stiftung war er anschließend im internationalen Naturschutz tätig, wo er mehrere Projekte zur nachhaltigen Nutzung tropischer Lebensräume durch die ortsansässige Bevölkerung begleitete.

Seit 2004 arbeitet Ralf Klinger als Autor, Fachjournalist und Fotograf. Er ist Mitglied mehrerer Naturschutzorganisationen, engagiert sich aktiv für den Schutz der heimischen Fauna und Flora, hält Vorträge und leitet zoologisch-botanische Exkursionen. In naturnah gepflegten Gärten mit mehr als nur einem Goldfischteich sieht er die große Chance, vielen frei lebenden Tieren auf Dauer einen adäquaten Ersatzlebensraum zu bieten.

Zum Weiterlesen

Einige der genannten Titel sind derzeit nur antiquarisch erhältlich. Fragen Sie auch in Bibliotheken und Büchereien danach.

Abtei Fulda: **Damit Boden fruchtbare Erde bleibt**

Abtei Fulda: **Kompost. Gold im Biogarten. Richtlinien zur Kompostgewinnung und Kompostanwendung**

Bell, Graham: **Der Permakultur-Garten. Anbau in Harmonie mit der Natur;** pala-verlag

Breschke, Joachim: **Den Boden verbessern. Graben, Hacken, Düngen;** Pabel-Moewig Verlag

Bruns, Annelore und Susanne: **Biogarten Handbuch. Anleitung zum naturgemäßen Gärtnern in Bildern;** Ökobuch Verlag

Buch, Walter: **Der Regenwurm im Garten;** Verlag Eugen Ulmer

Darwin, Charles: **The Formation of Vegetable Mould through the Action of Worms with Observations on their Habits;** London 1881

David, Werner: **Lebensraum Totholz. Gestaltung und Naturschutz im Garten;** pala-verlag

David, Werner: **Von Fallenstellern und Liebesschwindlern. Begegnungen im Naturgarten;** pala-verlag

Dunger, Wolfram: **Tiere im Boden;** Westarp Wissenschaften

Faßmann, Natalie: **Auf gute Nachbarschaft. Mischkultur im Garten;** pala-verlag

Forschungsinstitut für biologischen Landbau (FiBL): **Gründüngungen. Schlüssel zum erfolgreichen Biogemüseanbau**

Graff, Otto: **Unsere Regenwürmer;** Verlag M. & H. Schaper

Grünefeld, Dettmer: **Das Mulchbuch. Praxis der Bodenbedeckung im Garten;** pala-verlag

Günzel, Wolf Richard: **Lebensräume schaffen. Wildtiere in Haus und Garten;** pala-verlag

Henning, Erhard: **Geheimnisse der fruchtbaren Böden;** OLV Organischer Landbau Verlag

Jaekel, Erhard: **Gärten nach der Natur. Mit einheimischen Pflanzen und Materialien;** Verlag Eugen Ulmer

Kleinod, Brigitte: **Das Hochbeet. Vielfältige Gestaltungsideen für Gemüse-, Kräuter- und Blumengärten;** pala-verlag

Könemann, Ewald: **Biologische Düngung im Gemüsebau, Obst- und Beerenbau;** Verlag Welt und Wissen

Kreuter, Marie-Luise: **Der Biogarten;** BLV Buchverlag

Laatsch, Willi: **Dynamik der mitteleuropäischen Mineralböden;** Steinkopff Verlag

Lohmann, Michael: **Öko-Gärten als Lebensraum;** BLV Buchverlag

Meinhardt, Ursula: **Alles über Regenwürmer;** Kosmos Verlag

Meys, Sofie: **Schneckenalarm! So machen Sie Ihren Garten zur schneckenberuhigten Zone;** pala-verlag

Niemeyer-Lüllwitz, Adalbert: **Arbeitsbuch Naturgarten;** Ravensburger Buchverlag

Probst, Gabriele und Manfred: **Praktische Gründüngung für Landwirtschaft, Gartenbau, Sonderkulturen;** Edition Siebeneicher

Scheffer, F. und Schachtschnabel, P.: **Lehrbuch der Bodenkunde;** Spektrum Akademischer Verlag

Schmalfuss, Karl: **Pflanzenernährung und Bodenkunde;** Hirzel Verlag

Storl, Wolf-Dietrich: **Der Kosmos im Garten. Gartenbau nach biologischen Naturgeheimnissen zur besseren Ernte;** AT Verlag

Sulzberger, Robert: **Kompost und Wurmhumus;** BLV Buchverlag

Sulzberger, Robert: **Kompost, Erde Düngung. Der gesunde Gartenboden – Pflanzenernährung und Düngepraxis;** BLV Buchverlag

Topp, Werner: **Biologie der Bodenorganismen;** UTB für Wissenschaft

von Heynitz, K. und Merckens, G.: **Das biologische Gartenbuch;** Verlag Eugen Ulmer

von Heynitz, K.: **Kompost im Garten;** Verlag Eugen Ulmer

Weinrich, Christa: **Mischkultur im Hobbygarten;** Verlag Eugen Ulmer

Wolff, Peter F. C.: **Der gesunde Gartenboden. Bodenleben, Düngung, Bodenpflege;** BLV Buchverlag

Bezugsquellen

Wurmkisten und Kompostwürmer

Nutzmüll e. V. Hamburg
Boschstraße 15
22761 Hamburg
www.nutzmuell.de

Wurmwelten.de
Domäne 1
37574 Einbeck
www.wurmwelten.de

Kompostsysteme
Georg Heinrichs
Freiburger Weg 5
48151 Münster
www.wurmkisten.de

Manufactum
GmbH & Co. KG
Hiberniastraße 5
45731 Waltrop
www.manufactum.de

Nützliches Zubehör

Bioland Hof Jeebel
Biogartenversand GbR
Jeebel 17
29410 Salzwedel OT Jeebel
www.biogartenversand.de

Keller GmbH & Co. KG
Konradstraße 17
79100 Freiburg
www.biokeller.de

snoek Naturprodukte GmbH
Tannenweg 10
27356 Rotenburg/Wumme
www.snoek-naturprodukte.de

pala verlag

Print CO_2 geprüft

Wir engagieren uns noch stärker für den Klimaschutz!

Seit mehr als 15 Jahren drucken wir unsere Bücher weitestgehend auf Recyclingpapier und versuchen damit, eine ressourcenschonende und umweltfreundliche Buchproduktion zu ermöglichen.

In den letzten Jahren ist der Klimawandel mit seinen weitreichenden Folgen für uns und vor allem unsere nachfolgenden Generationen immer mehr zum Thema geworden. Die Auswirkungen sind bereits jetzt spürbar – Wetterextreme, sich verschiebende Jahreszeiten, Erderwärmung. Auch wenn diese Entwicklungen nicht mehr völlig aufzuhalten sind, müssen wir – auch als Verlag – aktiv werden.

Die *freiburger graphische betriebe,* die Druckerei, in der unsere Bücher produziert werden, beteiligen sich an der Klimainitiative der Druck- und Medienverbände Deutschland und bieten die Möglichkeit, Buchproduktionen klimaneutral herstellen zu lassen. »Klimaneutral« bedeutet den Ausgleich von Treibhausgasen bzw. die Neutralisation durch die Einsparung einer bestimmten CO_2-Menge an anderer Stelle. Da die Wirkungen des Treibhauseffektes global schädigen, ist es irrelevant, an welchem Ort der Welt Emissionen entstehen und wo sie dann letztendlich eingespart werden. Der gesamte Prozess des Ausgleiches von Treibhausgasen basiert auf dem Kyoto-Protokoll von 1997.

Wir haben nun die Möglichkeit, für jedes Druckprodukt den genauen Wert des CO_2-Ausstoßes, der auf den Produktionsprozess in der Druckerei und deren Materialeinsatz zurückzuführen ist, zu ermitteln. Mit Hilfe eines vom Bundesverband der deutschen Druckindustrie entwickelten Rechners, mit dem viele Faktoren erfasst werden – Energieverbrauch, Farbe, Papier, Transportwege oder Einsatz von Personal – wird am Ende der Buchproduktion ein Wert ermittelt, der die relevante Wertschöpfungskette für die technische Herstellung des Buchs umfasst und den durch die Produktion verursachten CO_2-Ausstoß nachweist. Für diesen Wert bezahlen wir als Verlag einen Ausgleich, der dann in anerkannte und zertifizierte Klimaschutzprojekte fließt. Die Zertifizierung erfolgt durch die Organisation *firstclimate* (www.firstclimate.com) und wird durch das Logo »Print CO_2-geprüft» angezeigt.

Die aus dem Druck dieses Buchs resultierende Klimaabgabe fließt in ein Windparkprojekt in der Marmara-Region in der Türkei.

Das Projektgebiet liegt in der Marmara-Region an einem Höhenrücken etwa 350 m über Meereshöhe, nahe der Dörfer Elbasan und Catalça unweit Istanbuls. Im Rahmen des Projekts werden 20 Windenergieanlagen mit einer Nennleistung von je 3 MW errichtet.

Nach dem Vorbild der Natur

Dettmer Grünefeld:
Das Mulchbuch
ISBN: 978-3-89566-218-8

Natalie Faßmann:
Auf gute Nachbarschaft
ISBN: 978-3-89566-257-7

Thomas Lohrer:
Marienkäfer, Glühwürmchen, Florfliege & Co.
ISBN: 978-3-89566-277-5

Graham Bell:
Der Permakultur-Garten
ISBN: 978-3-89566-196-9

Lebensraum Garten

Irmela Erckenbrecht / Rainer Lutter:
Sichtschutz im lebendigen Garten
ISBN: 978-3-89566-268-3

Wolf Richard Günzel:
Der hummelfreundliche Garten
ISBN: 978-3-89566-276-8

Ulrike Aufderheide:
Rasen und Wiesen im naturnahen Garten
ISBN: 978-3-89566-274-4

Werner David:
Von Fallenstellern und Liebesschwindlern
ISBN: 978-3-89566-267-6

Lebensräume schaffen

Irmela Erckenbrecht :
Neue Ideen für die Kräuterspirale
ISBN: 978-3-89566-240-9

Brigitte Kleinod:
Das Hochbeet
ISBN: 978-3-89566-261--4

Wolf Richard Günzel:
Das Insektenhotel
ISBN: 978-3-89566-234-8

Wolf Richard Günzel:
Lebensraum Gartenteich
ISBN: 978-3-89566-262-1

Gesamtverzeichnis bei:
pala-verlag • Postfach 11 11 22 • 64226 Darmstadt • www.pala-verlag.de

ISBN: 978-3-89566-282-9

Rheinstraße 35, 64283 Darmstadt
www.pala-verlag.de

Umschlag- und Innenillustrationen: Kirsten Maria Peter

Lektorat: Angelika Eckstein

Druck: fgb • freiburger graphische betriebe
www.fgb.de
Printed in Germany

Dieses Buch ist auf Papier aus 100 % Recyclingmaterial gedruckt und klimaneutral produziert.